L'INSTINCT DE SURVIE

DE

SOLEIL

Du même auteur

À paraitre

Des galettes maison

GABRIELLE SIMARD

L'INSTINCT DE SURVIE
DE
SOLEIL

Les éditions
Belle Feuille

Catalogage avant publication de Bibliothèque et Archives nationales du Québec
et Bibliothèque et Archives Canada

Simard, Gabrielle,
L'instinct de survie de Soleil

Comprend des réf. bibliogr. et un index.

ISBN 978-2-9810734-3-3

1. Soleil. 2. Enfants maltraités - Québec (Province) - Biographies. I. Titre.
HV6626.54.C3S55 2009   362.76092 C2009-940868-6

Infographie des pages couvertures et intérieures :
Patrick Charpentier (Le Patchwork Communications graphiques)
Correction : Raymond Paradis et Marcel Debel, Patrick Charpentier
Mise en page : Marcel Debel
Illustration de la page couverture : Lever du soleil au Lac St-Jean.
Photo prise par Marc Prive.   www.trekearth.com

Distribution :
Coopérative de Diffusion et de Distribution du livre (CDDL)
www.cddl.qc.ca
Télécopie : 450-714-4236

La maison d'édition désire remercier tous les collaborateurs à cette publication.

Les Éditions Belle Feuille
68, Chemin Saint-André
Saint-Jean-sur-Richelieu (Québec)   J2W 2H6
Téléphone : 450-348-1681
Courriel : marceldebel@videotron.ca

Dépôt légal
    Bibliothèque et Archives nationales du Québec--2009
    Bibliothèque et Archives Canada--2009

À l'espoir
de tous les enfants du monde

REMERCIEMENTS

Je tiens à remercier en premier lieu mon fils Martin qui m'a rappelé mon désir d'écrire mon livre depuis au moins dix ans et que ce temps était venu.

Ensuite, je remercie ma fille Myriam qui a été d'une aide précieuse dans la lecture attentive et la révision de mon manuscrit. Elle s'est permise de le commenter pour que je puisse l'améliorer. Je remercie mon fils Jimmy qui m'a été d'un grand secours pour tout ce qui touche l'informatique.

Merci à toute ma famille qui m'a supportée dans ma démarche.

Merci à ma meilleure amie, Jade, qui me trouve osée dans mon projet et qui m'encourage malgré tout. Merci à toutes les personnes qui ont collaboré pour l'exactitude des faits.

Merci à M. Debel, de la maison *Les Éditions Belle Feuille*, qui a cru à mon talent d'écrivaine et qui m'a donné ma chance.

Ce livre raconte l'histoire de Soleil et de sa famille à travers les épreuves. Cette magnifique petite fille d'une beauté éblouissante aux cheveux blonds et aux yeux bleus. Sa beauté attirait les regards. En lisant les pages qui suivent, vous serez témoin de son dur combat. Est-ce qu'elle va gagner ou perdre ?

Pour protéger l'historique de cette vie et celle de sa famille, j'ai donné aux personnages des noms fictifs. Ce récit est quand même véridique. J'ai écrit ce livre dans le but de pouvoir aider les gens qui, dans leur enfance ont été victimes de mauvais traitements et qui ont vécu l'horreur dans la solitude.

Vous serez à même de constater qu'il y a des gens qui viennent au monde profondément bons. Malheureusement, il y en a d'autres qui arrivent au monde mauvais jusqu'au plus profond de leur être. La bonté d'un humain pourra toucher au moins vingt personnes d'un seul coup. Par sa méchanceté, un être malfaisant peut détruire des membres de sa famille et indirectement plusieurs autres.

Si dans un sac de pommes, il y en a une de pourrie, il faut la retirer et la jeter. Si ce n'est pas fait, elle va faire pourrir les autres pommes. C'est pareil pour les humains, il faut éloigner le mauvais sujet. Est-ce que cette petite fille va se préserver de cette règle ? Est-ce que ses frères et sœurs éloigneront le malheur ?

En lisant ces pages, vous serez peut-être septique, vous vous direz ça ne se peut pas, elle ajoute des faits pour rendre l'histoire captivante. Non, je puis vous assurer que je dis la vérité. Une fois que vous aurez terminé votre lecture, votre attitude devant la vie va changer. Vous ne vous plaindrez plus d'un petit mal de tête. Vous réaliserez quelle chance vous avez de vivre normalement. N'est-ce pas merveilleux ?

FABIUS

Fabius est né le 23 août 1937 à Jonquière. À l'âge de quatre ans, avec la famille, il a déménagé à Iberville au Saguenay. Il a perdu son frère de cinq ans qui est décédé. Deux ans plus tard, ils ont déménagé de nouveau à Jonquière. À l'âge de huit ans, ils ont déménagé à Toronto. À 9 ans, ils ont déménagé à Val-Paradis en Abitibi. Il a trois sœurs.

Lorsqu'il a eu onze ans ses parents ont adopté un garçon et quatre ans plus tard ils ont adopté une petite fille. Fabius était le chouchou de sa mère. Il a hérité du caractère de son père. On-dit de lui qu'il était sauvage, qu'il était soupe au lait (se fâche facilement) et qu'il est un peu paresseux. Lorsqu'il était en colère contre sa sœur, cette dernière en avait peur, elle courrait se mettre à l'abri. Fabius n'avait pas beaucoup d'amis.

À 15 ans, son père l'a envoyé sur une ferme pour une période d'un an. Il devait apprendre à travailler la terre, traire les vaches, ramasser les foins, nourrir les poules, faire le ménage de la grange, etc. L'année suivante, n'aimant pas travailler sur une ferme, il est rentré dans l'armée à l'âge de seize ans. On dit qu'il a vraiment changé à partir de là, il blasphémait sans arrêt, il aimait boire sans modération, il était plus centré sur ses propres besoins que sur celui des autres. Dans l'armée, il a occupé le poste de simple fantassin et ça lui a permis de voyager beaucoup.

Il va rencontrer une femme en Allemagne qu'il va épouser à Werl le 22 janvier 1959 à l'âge de 22 ans. Sa femme Magdalena a déjà un garçon de six ans Louis qu'elle a eu à 17 ans. En Allemagne, en 1959, elle va mettre au monde les sœurs jumelles Nathalie et Stéphanie. Ensuite, ils vont venir rester au Canada, ils vont habiter une maison de la base de Valcartier. Magdalena en 1960 va mettre au monde, un garçon Serge, en 1962 une fille Soleil, en 1965 un garçon Richard et en 1966 une fille Mylène. En 1967, il va sortir de l'armée, la raison : conflit familial. Par la suite, il va occuper le poste de concierge dans un immeuble du gouvernement. Et toute la famille s'installera en banlieue de Québec.

MAGDALENA

Magdalena est née le 1ᵉʳ avril 1936 à Marienburg (Allemagne). La perte de sa mère à un l'âge de huit ans et le remariage de son père furent des étapes difficiles de sa vie. En 1947, ils ont dû se sauver vers Lubbeck, parce que les Russes et les Polonais sont venus envahir leur territoire.

Par la suite, toujours en 1947 au mois de mai, ils se sont installés à Berkamen. Son père travaillait comme mineur et sa belle-mère était mère au foyer. Elle deviendra mère à 17 ans à une époque ou c'était mal vu d'être monoparentale. Auprès de sa famille, elle a dû prouver qu'elle était apte à subvenir aux besoins de son enfant. Elle devait travailler et en même temps voir à l'éducation de Louis.

Elle rencontra Fabius et tomba follement amoureuse de lui. Cette jeune femme va accepter de l'épouser à l'âge de 23 ans. Elle aura ses jumelles en Allemagne en 1959, ensuite ils vont venir s'installer au Canada en 1960. Son adaptation sera difficile...

CHAPITRE 1

LA SÉPARATION

Soleil, est née le 7 septembre 1962 à la base de Valcartier du père soldat Fabius et de Magdalena mère au foyer. Fabius était un homme aux épaules larges, mesurant presque six pieds. Il portait presque toujours les mêmes vieux pantalons délabrés trop grands pour lui. Son chandail de piètre qualité, lui donnait l'air d'un mendiant.

Sa mère, bien en chair mesurait à peine cinq pieds. À l'âge de quatre ans, Soleil avait les cheveux blonds et les yeux bleus. Elle se tenait assise au salon avec son frère aîné Louis à sa droite qui a neuf années de plus. Louis, cheveux bruns, yeux bleus était un enfant de nature solitaire. À cet instant, Nathalie et Stéphanie, deux belles fillettes, cheveux longs brun foncé, les yeux couleur noisette sont en train de se chicaner pour le même jouet, une barbie. C'est à ce moment que Magdalena fut prise d'un grand malaise et qu'elle tomba sur le plancher du salon. Elle avait perdu connaissance. Soudain leur père, dans un élan de panique, prend sa femme dans ses bras et la conduit à l'hôpital.

À l'urgence de l'hôpital, Magdalena fut auscultée par le médecin qui a pris la décision avec l'accord de son mari de l'hospitaliser pour dépression. Fabius repartit par la suite à la maison pour téléphoner aux services sociaux en mentionnant que sa femme était à l'hôpital. Qu'il était dans l'obligation de travailler et qu'il n'était pas en mesure de s'occuper de ses enfants.

Louis treize ans, Nathalie sept ans, Stéphanie sept ans et Serge six ans furent envoyés au couvent. On trouva une famille d'accueil pour Soleil qui avait quatre ans, pour Richard un an et pour Mylène un mois. Il ne faut pas oublier que le plus jeune frère Martin n'était pas

13

encore au monde. Les policiers et les personnes responsables des services sociaux s'occupèrent du transport de chaque enfant. Sur la route, cette petite fille se demanda si elle n'avait pas été assez gentille avec ses parents, pour que son papa décide de l'envoyer vivre dans une autre maison. Elle pleurait à chaudes larmes et elle aurait pu sans exagération remplir un sceau. À son arrivée dans sa famille d'accueil, elle portait un manteau d'hiver à capuchon bleu.

La dame qui s'appelait Cruella, l'a assise sur le comptoir de la cuisine pour lui enlever son manteau pendant que ses propres enfants regardaient cette enfant comme si elle était une extraterrestre.

Dans cette nouvelle demeure, Soleil devait coucher sur le divan du salon. Ce qu'elle ne comprenait pas, c'était pourquoi cette dame qui devait prendre soin d'elle ; elle passait l'aspirateur dans cette pièce durant son sommeil et s'amusait à lui mettre le bout du boyau dans sa figure. Elle pensait que si elle devenait très sage, ses parents viendraient la chercher. Environ un mois plus tard, Cruella fit coucher la nouvelle pensionnaire dans la cave. Cette partie de la maison n'était pas finie, son lit reposait sur le sol de ciment placé à l'extrémité de la grande pièce. Il y avait une petite commode pour ranger son linge à côté. Au beau milieu du sous-sol se trouvait la fournaise que les enfants de cette dame appelaient le monstre. Soleil avait peur de rester là un certain temps.

CHAPITRE 2

SOLEIL EST EN DANGER

S oleil n'aimait pas dormir au sous-sol. À l'heure du coucher, lorsqu'elle essayait de fermer les yeux, elle pensait à ce que les enfants de cette dame lui avaient dit : « La fournaise est un monstre et lorsqu'elle se met à faire du bruit, c'est parce qu'elle se prépare à venir te manger. Peut-être que si tu ne bouges pas, eh bien, peut-être que tu seras épargnée ! » Cette petite croyait dure comme fer à ces paroles et elle était terrorisée à l'idée de se faire avaler tout rond. En plus, elle était effrayée d'être toute seule... Il faisait trop noir. L'odeur nauséabonde du mazout lui donnait mal au cœur. Le froid et l'humidité traversaient ses draps et ses vêtements ce qui avait pour conséquence qu'elle attrapait froid et qu'elle faisait pipi au lit. Donc à chaque matin lorsque Cruella constatait que les draps étaient mouillés, elle lui donnait une bonne fessée.

Elle avait beaucoup de difficulté à s'endormir le soir, elle ne voulait surtout pas déplaire à la dame. Elle pensait avoir trouvé une solution. Une nuit, elle avait fait pipi au lit, elle se réveilla et essaya de faire sécher ses draps ainsi que son pyjama pour ne pas être battue.

Eh bien ! Le matin venu, devinez ce qui s'est passé ? La dame en question a senti l'odeur de l'urine. Ensuite, elle a pris avec brutalité la tête de l'enfant pour l'enfoncer dans le matelas et lui a donné une autre fessée.

À ce moment précis, Soleil réalisa que sa solution était inefficace devant cette mégère. Durant la journée, l'enfant pouvait monter au rez-de-chaussée pour les repas et pour se laver les dents. Elle avait droit à un bain par semaine. Pour se brosser les dents, elle devait utiliser une brosse qui avait appartenu à un autre enfant. Soleil ne comprenait pas pourquoi elle devait se nourrir debout au comptoir pendant que le reste de la famille mangeait assis à la table. Elle mangeait peu, on la privait, elle avait faim. Un jour, le mari de la dame a demandé à sa femme de permettre à Soleil de s'asseoir à la table. Ce jour-là, ils se sont disputés et c'est la maîtresse de maison qui a gagné.

Lorsqu'elle voulait sortir, la petite fille avait besoin d'aide pour attacher son bonnet de laine. Elle se rendit timidement à la porte de la chambre de Cruella pour lui demander son aide. Que s'est-il passé? Eh bien! Soleil a reçu un coup de pied dans le ventre qui la projeta jusqu'à l'autre bout du passage. Elle ne pouvait plus respirer, tant la douleur était intense.

Cette petite fille de quatre ans et demi comprit qu'il valait mieux pour elle, apprendre à se débrouiller seule. La nuit, elle rêvait qu'elle était une princesse vivant seule dans un immense château.

Mais lorsqu'elle se réveillait, elle se sentait triste. Elle était seule, elle était battue, personne ne lui manifestait de l'affection. La famille la méprisait comme si elle était infectée d'un virus contagieux.

Cette situation particulière la rendait très maladroite, elle renversait les verres, échappait les assiettes, etc. La nuit, elle pleurait et priait : Seigneur, je promets d'être toujours sage, libérez-moi de cet enfer.

CHAPITRE 3

FABIUS
VIENT CHERCHER SOLEIL

U n bon vendredi, le père vint chercher Soleil pour l'amener chez lui pour le week-end. À sa grande surprise, chez elle seulement Louis, Nathalie, Stéphanie et Serge étaient présents. Magdalena était encore à l'hôpital, elle était très malade. Son frère Richard et sa sœur Mylène étaient restés dans la famille d'accueil. Sa mère lui manquait et les autres membres de sa famille aussi. Elle se sentait bien dans la maison familiale.

Fabius était sévère, il ordonne aux filles ; Nathalie, Stéphanie et Soleil de rester dans leur chambre et aux garçons, Louis et Serge de rester dans l'autre pièce. Il donna des consignes strictes : interdiction de rire fort, de faire du bruit, etc. Il les menaçait : « Si les règlements n'étaient pas respectés, votre père allait monter avec sa ceinture de cuir et vous battre. »

À la maison, les enfants ne pouvaient pas manger en même temps que les parents. Les enfants n'avaient pas le droit à leurs trois repas par jour. Seuls les parents avaient la permission de manger de la viande et du dessert. Souvent, les enfants avaient pour souper, une tranche de pain avec du sucre trempé dans un bol de lait.

Ce n'est qu'à Noël ou bien à Pâques qu'ils avaient le droit de manger de la dinde à la même table que leurs parents. Vers 19 heures, son père fit couler un bain et insiste pour la laver. Durant sa toilette, son papa va changer son comportement pour s'acquitter de sa tâche et profiter de sa petite fille qui n'a jamais vécu cette situation. Elle pensait que son père l'aimait et la garderait chez lui, ce ne fut pas le cas. À l'intérieur de son être, elle ressentait un très grand malaise sans vraiment savoir pourquoi. À son retour à la famille d'accueil,

17

au moment de se coucher elle commença à avoir mal au cœur et sans avoir le temps de se rendre à la salle de bain, elle a vomi sur le plancher.

Cruella l'a traitée de cochonne et de salope. La méchante dame, les yeux exorbités de rage, l'a ramassé par le bras avec violence pour lui administrer une bonne fessée.

Cette petite fille voudrait être plus gentille, pour ne plus recevoir de correction par la sorcière Cruella. Elle demandait de l'aide à Dieu en pleurant et en priant : venez me sauver, je vous en prie, j'ai besoin d'aide.

La dame lui donnait cinquante cents par semaine et pour obtenir cette monnaie, elle devait de monter les marches du sous-sol cinquante fois étant donné qu'elle recevait juste un cent à la fois. Cruella trouvait ça amusant de l'humilier devant les autres. Soleil pouvait entendre du bas de l'escalier les commentaires odieux : « Surveillez bien les enfants, comme elle est idiote, niaiseuse, regardez bien, je lui fais faire tout ce que je veux. »

Cette petite fille ne s'en fait pas trop, pourvu que la marâtre ne lui donne pas la fessée. Soleil avait hâte d'aller à la maternelle, elle va avoir bientôt cinq ans. Lorsqu'elle demanda à la dame : quelle date mon école va commencer ? Elle lui répondit : pas de maternelle pour toi, il faut que tu amuses ma fille qui commencera seulement l'année prochaine.

Encore une fois, elle descendit au sous-sol triste et prit dans ses bras une poupée que sa mère lui avait donnée et pleura.

CHAPITRE 4

L'INSPECTION

Cette dame qui prenait soin d'elle était stressée, elle rangeait tout et exigeait que tout soit impeccable. Elle demanda à Soleil de monter et lui ordonna de ne pas dire un mot et qu'elle avait intérêt à bien se comporter adéquatement ! Une madame Tremblay arriva et se présenta comme quelqu'un des services sociaux et l'informa qu'elle voulait voir comment elle avait été accueillie dans sa famille d'accueil. Essayez de deviner comment cela s'est passé. Cruella qui avait la responsabilité de prendre soin de cet enfant a montré une chambre à l'étage et non au sous-sol, l'endroit où cette petite fille était censée dormir. Soleil obtient exceptionnellement la permission de s'asseoir à la table pour recevoir les cadeaux que madame Tremblay lui avait apportés.

Résultat, cela s'est très bien passé pour la méchante qui gardait Soleil. Aussitôt que l'inspection fut terminée, elle s'est fait enlever les jouets qu'elle venait tout juste de recevoir. La marâtre en question les a donnés à ses propres enfants.

Soleil se demandait : «J'ai été gentille, j'ai fait ce que cette personne m'a demandé, pourquoi je n'ai pas le droit de garder mes cadeaux.»

Elle est contente, en week-end, Soleil va visiter sa famille de nouveau. Son père vient la chercher en voiture. Quand elle arrive dans sa maison, sa mère est là et cela la rend très heureuse. Elle remarque que Magdalena n'avait plus de brillant dans les yeux. Quelque chose avait changé, elle ne savait pas quoi. La première nuit pendant que Soleil dormait profondément, des cris la réveillèrent : «viens ici ma *tabarnaque* de *colis* de vache !», elle s'assied tout droit dans son lit, effrayée. Elle entendait son père Fabius qui semblait donner des coups à quelqu'un, elle était si terrifiée, elle mit ses mains sur ses oreilles pour ne plus rien écouter et essaya tant bien que mal de se rendormir.

Le lendemain matin, les enfants devaient respecter les règles de la maison et n'avaient pas la permission de manger la même nourriture que les adultes. Les parents mangeaient pour souper, un bon rôti de bœuf avec des pommes de terre en purée cuisiné par Magdalena. Et pour dessert, les adultes avaient droit à un beau morceau de gâteau au chocolat avec une boule de crème glacée à la vanille. Tandis que les enfants, eux, avaient eu pour leur repas principal, une sandwich au saucisson. Son père s'amusait à ridiculiser sa femme étant donné qu'elle sortait juste de l'hôpital.

Elle avait été soignée pour une dépression. Magdalena avait perdu tous ses droits, si elle essayait de donner son opinion, son papa la traitait de folle, c'est normal elle vient juste de sortir d'un hôpital de fou (disait-il). Les mêmes règlements que ceux de la dernière fois sont en vigueur, les enfants passeront la majorité du temps dans leurs chambres et cela sans faire trop de bruit, bien sûr.

CHAPITRE 5

CARESSES NON DÉSIRÉES

La nuit suivante, Soleil est couchée dans son lit lorsque soudain son père Fabius entra dans sa chambre, la réveilla. Il commença à lui caresser doucement la poitrine, le ventre, l'entrecuisse en lui disant fermement de ne pas parler et de ne pas protester. Ce moment dura une éternité pour elle qui se maintenait raide comme une barre, elle était toute en sueur.

Une fois son papa parti, elle se mit à pleurer en silence. Elle ne devait surtout pas faire de bruit, elle ne voulait pas avoir une correction. Elle ne comprenait pas, elle avait honte. En faisant sa prière, elle demanda à Dieu de la protéger.

De retour dans son foyer nourricier, le soir elle fut encore malade, elle eut aussi une indigestion, mais cette fois-ci, pas de fessée, elle a eu le temps de se rendre à la salle de bain.

Sa solitude était de plus en plus grande et elle n'arrivait pas à comprendre pourquoi les adultes autour de Soleil n'avaient pas l'air content de la voir dans la maison. Les enfants de l'endroit où elle demeurait la traitent de bâtarde.

Un bon matin, Cruella décida que c'est le temps pour cette petite fille d'apprendre à nager. Elle prit cette enfant de cinq ans et la lança carrément dans la piscine familiale. Elle s'enfonça jusqu'au fond de l'eau. Par chance, elle réussit à se débattre assez fort pour ne pas se noyer. Elle apprit et devint une excellente nageuse. C'est l'été, les jeunes s'amusent à sauter à la corde avec Soleil vis-à-vis l'entrée de la maison. Tout à coup, cette petite fille qui aura six ans en septembre perdit connaissance. Les enfants du foyer nourricier crient après elle : « Soleil lève-toi immédiatement, vas-tu finir par se lever debout. » C'est qu'elle les entend crier sans être capable de se relever. Ce n'est qu'après un moment, qu'elle réussit à se relever.

Elle avait faim, elle avait trouvé des petits trucs pour accroître sa quantité de nourriture. La nuit, souvent incapable de dormir parce qu'elle ne voulait pas faire pipi au lit, elle se levait pendant que le monde dormait et montait pour voler de la nourriture dans le frigo.

Une nuit, alors qu'elle était dans la cuisine, la méchante dame arriva. À la vitesse de l'éclair, Soleil avait disparu sous la table.

La marâtre

CHAPITRE 6
SANS ISSUE

La fillette qui n'a pas encore six ans pourra aller chez elle. Son père a l'habitude de s'asseoir toujours à la même place dans le salon, tenant une bouteille de bière à la main. Il n'a jamais l'air content et crie toujours après Magdalena, il trouve qu'elle ne fait jamais les choses correctement. Une fois, Fabius donna la permission à Soleil de regarder la télévision avec lui dans le salon. Il lui dit : «Viens je vais te couvrir d'une couverture pour que tu n'ailles pas froid.» Elle écouta son papa et s'assied à côté de lui.

Tout à coup, il commença de nouveau à caresser sa poitrine, son ventre, ses cuisses, son entrecuisse. Elle n'aimait pas du tout ce que son père faisait. Elle n'osait pas parler, elle avait peur de lui, elle était terrifiée.

Il ne s'arrête pas là cette fois, il baissa la fermeture éclair de son pantalon, sortit son pénis. Ensuite, il essaya sans réussir de rentrer son pénis dans le vagin de ce pauvre enfant. L'agresseur avait fait très mal à sa petite fille qui n'a même pas six ans. Elle ne comprenait plus rien tellement sa douleur augmentait à l'intérieur de son vagin. À l'intérieur de son être, son cœur saignait sa souffrance.

Et ce dominateur, après avoir fini de s'amuser avec le corps de sa petite, lui ordonna d'aller se coucher et de ne jamais parler de cette aventure à personne en la menaçant : «sinon, je vais te donner une correction que tu n'oublieras pas le reste de ta vie.»

La nuit venue, Soleil pleura en silence à chaudes larmes dans son lit. Elle pria encore Dieu, lui demandant de la sortir d'une pareille situation et demanda pardon à Dieu pour toutes les méchancetés qu'elle aurait pu faire.

23

Elle finit par s'endormir tard dans la nuit. Tout à coup, elle fut réveillée de nouveau par quelqu'un qui hurle, qui crie. Elle s'assied brusquement dans son lit et elle écoute : «*Câlice* de tabarnaque de folle, viens ici *tabarnaque*, tu vas faire ce que j'ai envie que tu fasses.» C'est que, depuis sa dépression Magdalena est sous médication. Elle n'a plus autant de désir sexuel. Soleil entend sa mère crier et qui semble essayer de se défendre, mais son père qui est le plus fort, gagne la bataille. Il l'emmène de force dans la chambre pour l'obliger à remplir son devoir conjugal. Sa mère doit se soumettre aux désirs de son mari. Cette petite fille finit par s'endormir de fatigue en espérant des jours meilleurs.

De retour dans son foyer nourricier, avant de se mettre au lit, elle eut mal au coeur et elle courut à la toilette, elle était encore malade. Cette fois, pas de fessée, elle a eu le temps de se rendre à la salle de bain. Lorsqu'elle se coucha dans son lit, elle pleura encore et ne comprenait pas ce qui lui arrivait, elle se sentait si triste à l'intérieur. Elle essaie tant bien que mal de s'endormir. La gamine finit par tomber dans un sommeil profond aux petites heures du matin. C'est certain qu'elle a fait pipi au lit et qu'elle a eu droit une autre fessée matinale.

CHAPITRE 7
LA RENTRÉE SCOLAIRE

C'est le mois de septembre, Soleil a six ans, elle va à l'école. Ce changement lui apporte du bonheur dans son cœur, elle sait que cela va lui permettre d'apprendre beaucoup de matières et cette idée lui plait. À sa première journée d'école, elle porte l'uniforme scolaire et Cruella lui a acheté de beaux collants en lui disant de faire très attention.

L'avant-midi s'est très bien passé pour cette petite fille qui affiche un beau grand sourire. Lors de son retour à la maison, elle trébuche sur une petite clôture, tombe sur les genoux. Les autres enfants qui l'ont vu tomber lui suggèrent d'aller voir l'infirmière, pour la bonne raison que ses deux genoux sont en sang. Elle dit : «non, je ne peux pas, la dame va me chicaner si je ne rentre pas tout de suite à la maison.» Elle se met à courir.

Une fois à la maison, elle ouvrit la porte doucement et entra. Lorsque la méchante dame vit ses beaux collants déchirés, elle se mit dans une telle colère, qu'elle balança la jambe pour lui donner un coup de pied. La petite en essayant de se protéger s'accroupit et a reçu le coup de pied en pleine figure. Son sang giclait de sa boucle, de son nez, de ses genoux. Ses vêtements étaient tachés de sang. Cruella ordonna à son souffre-douleur de se rendre au sous-sol.

Cette fois-là, un de ses enfants a suivi Soleil pour tâcher de la soigner. Sa mère l'a rappelé aussitôt en lui disant : «Laisse-la se débrouiller toute seule, c'est sa bêtise, elle avait juste à ne pas déchirer ses collants.» Seule dans le sous-sol, avec un petit mouchoir, elle essuya le sang. Elle essaya tant bien que mal de se soigner. Elle pleurait et se trouvait stupide d'avoir déchiré ses collants.

Pourquoi n'ai je pas vu cette petite clôture, se disait-elle, si je l'avais aperçu, tout ça ne serait pas arrivé, c'est mon erreur. Elle aimait vraiment l'école et même si elle devait faire ses devoirs toute seule au sous-sol, elle était quand même contente. Elle s'est fait une petite amie qui s'appelait Coralie, autant Soleil était blonde aux yeux bleus autant que sa copine avait les cheveux noirs et les yeux brun foncé. Coralie vivait dans une famille d'accueil et elle aussi ne mangeait pas à sa faim.

La personne ou demeurait sa copine achetait plusieurs gros sacs de pommes et en gardait toujours un sac dans la cuisine près du comptoir. Les deux filles avaient élaboré un plan d'action pour en voler quelques-unes. La première posait des questions pour distraire la méchante dame pendant que l'autre prenait des pommes. Cependant, la méchante dame a aperçu Soleil voler les fruits. Au moment où elle essaya de l'attraper, la petite se sauva sous la table et est parvenue par le fait même à s'échapper. Coralie s'empressa de faire de même a réussi à s'enfuir pour rejoindre sa camarade et elles ont pû ensemble manger les pommes.

Photo et analyse du visage, voir annexe II, page 106-107-108

CHAPITRE 8

LE TRICYCLE

Fin septembre, elle ira passer un week-end dans sa famille. Fabius va de pire en pire, il est toujours en colère et les sœurs jumelles ne sont pas assez dociles à ses yeux. Il décide de les punir et leur ordonne de rester à genoux chacun dans un coin du salon pour qu'il puisse les avoir à l'œil. Il était 13 heures environ. Soleil reste tranquille, elle a bien trop peur de se faire disputer et fait le maximum pour plaire à son père.

L'heure du souper arrive et les jumelles sont encore en pénitence. Elles seront privées de nourriture. Fabius dit : «C'est ça qui arrive lorsqu'on n'écoute pas et qu'on vole des biscuits, on a le devoir d'obéir à son père et sa mère, c'est écrit dans la Bible.» Le soir arrive, les jumelles sont toujours à genou dans le coin et leurs parents semblent carrément les avoir oubliées là. C'est Louis l'aîné de la famille qui dit à ses sœurs : «Vous pouvez vous lever et aller vous coucher.» Nathalie et Stéphanie se lèvent avec difficulté pour se rendre dans leur chambre dormir.

Dans la maison, tout semble dormir. Fabius se rend dans la chambre des filles comme un chasseur à la recherche de sa proie et entra sa main sous la robe de nuit de Soleil. Elle est en effroi, se tient raide comme une barre de fer dans son lit et est toute en sueur. Il continue à s'amuser avec elle comme on s'amuserait avec une marionnette en ignorant complètement ce qu'elle peut ressentir.

Une fois son papa parti, elle se met encore à pleurer en silence et demande à Dieu de lui venir en aide. Avant de retourner dans sa famille d'accueil, son père lui offre un beau cadeau, un magnifique tricycle rouge et blanc tout neuf. La petite fille ne comprend plus rien, son père va d'un extrême à l'autre avec elle. Fabius transporte le tricycle dans sa voiture jusqu'à sa famille d'accueil pour qu'elle puisse toujours penser à lui en son absence.

Au retour, dans sa famille d'accueil, le malaise revient et elle doit courir à la toilette parce qu'elle a envie de vomir. Elle aime beaucoup son tricycle, mais l'hiver va bientôt arriver. La dame décide de rafraîchir le tricycle de Soleil et ensuite décide le mettre en vente pour se faire de l'argent. C'est alors que cette petite a perdu son tricycle et elle pleura encore une fois seule dans son lit avant de s'endormir.

Le seul temps où elle se sentait bien, c'était soit à l'école, soit à l'église, il lui semblait que de ses deux endroits, rien ne pouvait se produire de terrible.

Vers la fin de l'année scolaire, le professeur leur organisa une sortie au zoo. Les élèves devaient faire signer les parents. La dame refusa de signer. Cependant une fois à l'école, elle se mit à pleurer en remettant la feuille à l'enseignante et c'était la seule enfant de la classe à ne pas pouvoir aller au zoo. L'institutrice téléphona alors à cette dame et à force de négocier, elle a réussi à amener Soleil à la sortie avec les autres.

CHAPITRE 9

LA DÉGRINGOLADE

Soleil va de nouveau visiter sa famille. Son père est de pire en pire, il boit de l'alcool toute la journée et s'assure de rester le maître de la maison. Il collectionnait la monnaie et la conservait dans un coffre-fort.

Il gardait avec lui en permanence une arme sous son fauteuil où il avait l'habitude de s'asseoir. Il ne fait pas confiance aux étrangers. Sa mère semblait avoir perdu le sens des réalités, elle restait dans son petit monde à elle, j'imagine que c'était la seule place ou elle devait se sentir en sécurité. Magdalena prend ses médicaments, boit du café, fume toute la journée et obéit aux ordres du son mari.

C'était l'après-midi, tous les enfants étaient dehors à l'exception de Louis qui est assez vieux pour ne pas importuner ses parents. Nathalie et Stéphanie se promenaient avec Soleil lorsque Nathalie lui offre de la prendre sur ses épaules. Elle accepta cette invitation avec plaisir. Après seulement cinq minutes, Nathalie l'échappa, la petite tomba, sa tête heurta l'asphalte, le sang se mit à couler. Prises de panique, ses sœurs essayèrent de retourner le plus vite possible à la maison pour que leur sœur soit soignée.

Arrivées à destination, elles constatèrent que la porte était verrouillée. Elles ont dû frapper et crier très fort avant que Louis se décide enfin à venir ouvrir. Il s'est occupé de soigner Soleil pendant que Fabius qui était tellement en colère a donné une bonne correction avec sa ceinture de cuir aux sœurs jumelles. Après cet incident tous les enfants étaient confinés dans leurs chambres, une chambre pour les filles et une chambre pour les garçons.

La nuit venue, tous les enfants dormaient. Soudain tel un animal qui veut satisfaire ses plus bas instincts, le père décide encore une fois de leur rendre visite. Il réveille Soleil qui se tient raide comme une barre, transpire et elle n'aime pas ce que cette brute lui fait, cela lui fait mal. Elle ne comprend pas la façon qu'a son père de l'aimer, elle voudrait être ailleurs. Ce triste individu part seulement après avoir satisfait ses besoins pervers et abandonne la petite fille comme on laisserait un objet lorsqu'on a fini de s'en servir. Soleil se retrouve seule, pleure en silence et demande à Dieu de lui venir en aide.

La gamine finit enfin par s'endormir. Soudain, elle se fait réveiller par des cris : «Viens ici ma *tabarnaque* de *câlice* de chienne de vache, tu viens te coucher *crisse* et tu fais ton devoir.» Elle entend des bruits qui semblent venir des escaliers. Magdalena essaie tant bien que mal de se défendre, mais son mari est plus fort et c'est lui qui remporte la bataille.

Soleil se sent déprimée, elle pleure encore et espère qu'il ne va pas encore revenir dans sa chambre durant la nuit. Le lendemain, elle est fatiguée et n'a plus d'énergie et voit bien que sa mère est triste. Lorsque lundi viendra, elle va retournera dans sa famille d'accueil.

CHAPITRE 10

LES TECHNIQUES DU SOLDAT

De retour dans son foyer nourricier, elle a mal au cœur, elle ne se sent pas très bien. Le soir avant d'aller se coucher, elle rejette de son corps, sa détresse, sa douleur de vivre ainsi. Ensuite, elle se couche et n'arrive pas à s'endormir. Elle pense à la fin de semaine qu'elle vient de passer chez elle, a de la peine, ne comprend pas, ne se sent pas bien dans son cœur et espère qu'un jour Dieu va entendre ses prières. Comme d'habitude, Soleil va mouiller son lit. Au lever, l'horrible Cruella, avec son visage de vilaine sorcière, lui baissa son pantalon et sa petite culotte pour lui donner avec sa main d'homme, vingt bons coups sur les fesses. La petite ne sent plus son derrière rendu rouge vif, engourdi par la douleur.

Elle a hâte, c'est la rentrée scolaire, elle commence sa deuxième année. C'est une bonne élève, on voit bien qu'elle est heureuse dès qu'elle entre en classe. Cela lui permet d'échanger avec d'autres enfants et durant la classe, elle ne pense pas à ses problèmes.

Elle n'avait pas le droit de dire qu'elle couchait au sous-sol. Néanmoins, c'est arrivé plusieurs fois que les autres élèves qui devaient se douter que leur camarade de classe était victime de mauvais traitements voulaient en savoir plus. Ils la suivirent jusqu'à sa famille d'accueil. Lorsque les enfants de la dame apercevaient ces intrus, ils mettaient des cartons pour couvrir les fenêtres du sous-sol et lui demandaient de rester caché jusqu'à ce qu'ils partent. À chaque fois, les élèves retournaient chez eux, bredouilles.

Dans la famille, le bourreau donne des leçons, il explique à ses enfants que la discipline est importante et que lui, il avait fait l'armée et que cela l'avait rendu plus fort. Donc, il décide de saisir Soleil par les cheveux et la lever de terre en la gardant dans les airs. Surtout il lui dit qu'elle ne doit pas pleurer sinon c'est juste une poule mouillée et un bébé lala.

Il fait pareil avec Serge son frère qui a deux ans de plus qu'elle. Soleil qui ressent une douleur insoutenable a réussi à ne pas flancher. Son frère, lui, pleure, le pauvre, il a échoué. Il n'a pas réussi à cacher sa douleur. Pas très grand pour un garçon de son âge, Serge avaient les cheveux plus courts que sa sœur. C'est pratiquement comme si on avait voulu lui arracher une bonne touffe de cheveux d'un seul coup. «Ayoye!» Son père lui cria : «T'es juste un bébé lala, tu ne seras jamais un homme, en plus ta sœur, elle, n'a même pas pleuré.»

Le soir arrive et les enfants sont tous couchés. Soleil a de la difficulté à s'endormir, elle a peur que son papa vienne lui rendre visite. Elle a raison d'être effrayée, Fabius entre encore dans sa chambre. Il va se servir d'elle comme on se sert d'un jouet. Seulement après avoir assouvi ses besoins pervers, ce monstre va la laisser tranquille et repartir. C'est avec une infinie tristesse accompagnée de plusieurs larmes que cette petite fille va finir par s'endormir au petit matin.

CHAPITRE 11

CHANGEMENT DE FAMILLE D'ACCUEIL

De retour dans sa famille d'accueil, elle ne se sent pas très bien, elle est encore malade. Elle est couchée dans son lit, des centaines de questions lui trottent dans la tête : *Pourquoi mon père m'a-t-il levée de terre par les cheveux ? Pourquoi vient-il me faire des choses horribles la nuit ? Pourquoi a-t-il toujours l'air fâché quand il parle à ma mère ? Pourquoi crie-t-il ? Pourquoi on ne peut pas manger la même nourriture que lui ? Pourquoi il a une arme, ça me fait peur ?*

Elle constate que si elle essaie d'être gentille, elle ne reçoit pas d'amour en échange, pourquoi, pourquoi et encore pourquoi… Une fois encore, Soleil va finir par s'endormir très tard et va faire pipi au lit et au matin va recevoir une correction. Cruella d'enfer la traite de salope, la traite de cochonne et frappe son petit derrière déjà à vif, de toute ses forces. La petite subit une fois de plus son châtiment, sans aucune résistance.

Elle a huit ans et commence sa troisième année scolaire. Pour elle tout va mieux lorsqu'elle fréquente l'école. Elle obtient 90 pour cent en français, 95 pour cent en mathématique. Pour son comportement, elle obtient très bien pour tous les points. Heureusement qu'elle a trouvé un endroit où elle peut s'épanouir.

L'année qui avait si bien commencé est devenue compliquée le 26 novembre 1970, elle devait s'habituer à fréquenter une nouvelle école. La raison est que Soleil a été placé dans une autre famille d'accueil. Pourquoi, elle ne le sait pas, une petite fille de huit ans n'a pas le droit de donner son opinion pense-t-elle, encore moins avoir une explication au sujet de ce déménagement.

Dans sa nouvelle famille d'accueil, la dame a une fille de son âge environ et elle est enceinte d'un deuxième. Sa fille a le même comportement déplaisant que Nellie dans *La petite maison dans la prairie* et elle est un peu découragée. À cet endroit, l'oisillon reçoit les soins de base qui sont nécessaires à la vie dans l'indifférence des gens qui l'entourent. Elle a l'impression que pour cette famille c'est plate de s'occuper d'elle et que c'est comme le ménage, on n'aime pas ça, on le fait pareil.

À l'école c'est compliqué en français, l'enseignante lui expliquait les notions de base. Soleil à cause de cette nouvelle façon d'apprendre, ne comprend absolument rien. Heureusement cette année-là, elle a eu une enseignante en or. Elle restait avec elle sur l'heure du midi pour lui expliquer les notions de base et cela a très bien fonctionné, à la fin de l'année, elle a obtenu de bons résultats.

La dame a eu un magnifique petit bébé, c'est un garçon. Soleil veut s'approcher de l'enfant qui est assis dans un petit siège. La dame lui dit : « Tu n'as pas le droit d'y toucher. » Désespérée, Soleil se demande intérieurement : *Est-ce que j'ai attrapé une maladie contagieuse, est-ce que je suis pleine de microbes ?*

CHAPITRE 12

COURS DE MASTURBATION

L a deuxième semaine de septembre, on a annoncé à Soleil que son père viendrait la chercher pour le week-end. La petite gamine ne sait plus si elle doit avoir hâte ou bien si c'est mieux pour elle de rester dans sa famille d'accueil.

Elle était contente de revoir ses frères et sœurs. Mais avec son père Fabius, c'est comme si elle marchait sur des oeufs sans vouloir les casser. Cette petite voudrait avoir un comportement exemplaire en tout temps pour ne pas avoir de correction. Sans motif, il était toujours fâché et il criait des injures à tous les membres de la famille pour des riens. Magdalena ne réagissait pas, son corps était ici, mais son esprit était complètement ailleurs.

Elle s'entend bien avec ses frères, mais elle trouve ses sœurs jumelles fatigantes. Elles veulent toujours l'habiller et la coiffer comme si elle était une poupée.

Serge et Nathalie n'arrêtent pas de se disputer. Ils font trop de bruit et cela dérange le père qui écoute le match de hockey. Alors, le bourreau monte avec une courroie pour donner une correction aux enfants.

En entendant les pas, Soleil est terrifiée, elle ouvre la fenêtre et veut sauter du deuxième étage. Heureusement que ses frères et ses sœurs l'empêchent, car elle aurait pu se blesser. Le bourreau arrive et donne des coups de strap à Nathalie et à Serge en criant : «*Câlice* ! J'ai dit que je ne voulais pas de bruit, c'est tu clair ça, *tabarnaque* !» Et il frappait comme une brute. Elle avait le cœur qui battait à cent-milles à l'heure et pleurait, elle n'aimait pas que son frère et sa sœur se fassent battre.

La nuit venue, son abuseur lui rendit encore visite. Il montra son gros pénis, il dit à Soleil : «Prends-le, touches-y, donne ta main, monte et descends.» C'était un vrai cours de masturbation. La petite fille a la nausée. Elle hésite, elle tremble, lentement, elle fait le geste. Il lui dit : «Plus vite, c'est bon!» Le bourreau grogne, il a son plaisir. Soleil est dégoûtée, écœurée. Le cynique agresseur la félicite et sort de la chambre en montant son pantalon.

Une fois son père parti, elle est bouleversée, elle ne comprend pas, se sent sale et a des nausées. Un peu plus tard dans la nuit, elle a eu une de ses indigestions et n'a pas le temps de se rendre aux toilettes.

Elle vomit sur le plancher et comme elle ne veut pas se faire chicaner. Elle décide de prendre un sceau, elle ramasse les vomissures, elle lave, elle essuie pour que personne ne s'en rende compte. Après cette terrible expérience, la petite gosse se coucha et réussit à s'endormir malgré les larmes.

Toute la fin se semaine fût un vrai calvaire pour elle, à l'intérieur, son sentiment d'impuissance face à cette situation la rendait vraiment dépressive.

Même si elle n'avait que huit ans, elle commençait à espérer que quelqu'un s'était trompé à la pouponnière et qu'on viendrait la chercher et lui dire qu'elle n'était pas dans sa vraie famille et que jamais plus elle ne reverrait son terrible père de sa vie.

CHAPITRE 13

DANS UNE AUTRE
FAMILLE D'ACCUEIL

À peine arrivée dans la famille d'accueil de Madame Sauvé, sans lui donner les raisons, elle apprend qu'elle doit aller loger dans une autre famille. Là ça commence à faire un peu trop pour cette petite qui va avoir neuf ans en septembre. Elle commença à s'isoler et avait de moins en moins envie de voir des gens. Au fait, elle n'avait pas du tout envie de changer de place, parce qu'elle devra encore s'habituer à la nourriture et à la discipline d'une autre gardienne.

Elle arrive chez une autre dame et ouvrit ses valises. La dame l'examine, prend le téléphone et appelle les services sociaux. Elle leur dit : «Là ça va faire, vous allez m'envoyer de l'argent pour pouvoir habiller cette enfant-là sinon je la garde pas, c'est tu compris ça ? Si ça de l'allure, elle n'a rien à se mettre sur le dos, c'est toute de la guenille.»

Soleil a peur, elle se dit dans sa tête : *Je vais en voir de toutes les couleurs ici.* Pour son premier repas, par esprit d'opposition, elle décide qu'elle ne veut pas manger et elle s'enferme dans le garde-robe. Sauf que son tuteur en décide autrement et il va la chercher. Il la prend comme une poche de patates et l'assied à la table avec les autres membres de la famille. Le mari qui mesure à peine cinq pieds et deux pouces s'appelle Joseph. La dame s'appelle Marie, elle mesure quatre pieds et 11 pouces. La grand-mère, Marie-Ange surveillait la scène sans faire de commentaire.

Les tuteurs et leur petite fille Sandrine étaient tous surpris de voir qu'elle ne voulait pas vraiment les connaître. *Que ça sentait bon et que la nourriture était bonne!* se disait-elle une fois assise à la table.

Sous le regard de sa nouvelle famille d'accueil, elle avala tout rond, tout ce qui était dans son assiette.

Après le souper, toute la famille incluant Soleil regardèrent la télévision. Ensuite c'était l'heure du bain pour les enfants. De plus, elle avait le droit de dormir en haut et dans la chambre avec Sandrine. Comme de raison, elle a fait pipi au lit la première nuit. C'est le matin et elle s'attendait à ce que Marie lui donne une bonne fessée.

À sa grande surprise, Marie la regarda dans les yeux et lui dit : Soleil, tu as fait pipi au lit, ce n'est pas beau et bien on va laver tes draps. Elle se dit dans sa tête : je suis chanceuse, je n'ai pas eu la fessée, elle est bonne cette dame. C'était la dernière fois qu'elle mouillait son lit. Elle vivait dans un climat de confiance. Chez Marie, elle avait droit à ses trois repas par jour. En plus, elle pouvait manger des collations. Le soir, en écoutant la télévision, elle avait même droit à un bol de chips.

Ce fût bientôt la rentrée scolaire, Marie acheta de nouveaux vêtements et une nouvelle paire de chaussures pour Soleil qui en a vraiment besoin. Pour la première fois de sa vie, elle alla chez la coiffeuse se fit couper les cheveux. Même si la vie est moins difficile pour cet enfant, elle était quand même déprimée et trouvait ça difficile de s'adapter. Avant, le monde l'ignorait et elle était toujours seule dans son univers.

Maintenant, on commença à s'intéresser à elle et à vouloir qu'elle fasse un peu plus partie de son entourage. Ce fut un gros changement pour elle qui était habituée de vivre dans la solitude. Elle commençait à avoir hâte d'aller à l'école pour pouvoir apprendre, pour aussi se faire une amie.

CHAPITRE 14

UNE NOUVELLE VIE

S oleil était debout dans la cour d'école avec les autres élèves, pour son cours de science de la nature. Le professeur, monsieur Parent donnait sa matière lorsque soudain elle perdit connaissance et tomba en pleine figure sur le sol. On téléphona à Marie et lui demanda de venir chercher l'enfant parce qu'elle venait d'avoir un malaise. Cette dame arriva et emmena l'enfant chez le médecin. L'enfant n'était jamais allée chez le médecin. Pour la première fois de sa vie, l'homme de science l'examina. Elle a dû avoir des prises de sang et retourner voir le médecin.

Le diagnostic disait qu'elle souffrait d'anémie due à une sous-alimentation et qu'il était urgent pour la croissance de cette petite fille de bien la nourrir. Le docteur conseilla à la tutrice de lui donner du fer en médication liquide et de lui donner des aliments riches en protéine accompagnée de légumes verts. Elle devait aussi revoir le médecin régulièrement jusqu'à sa guérison complète.

Chez Marie et Joseph, on pouvait manger du steak, Soleil ne savait même pas que ça existait avant. À cet endroit, elle a découvert ce que veut dire l'expression « avoir le ventre plein ». Son tuteur était un monsieur intelligent, il répondait à toutes les questions de la nouvelle pensionnaire.

Sa tutrice, mère au foyer, était dépendante de son mari, elle ne savait pas conduire, elle ne s'occupait pas des finances non plus. Cependant, elle était une excellente cuisinière. Le soir, on entendait des rires dans la chambre à coucher. Marie et Joseph étaient un couple épanoui. Cependant, Marie-Ange était vieux jeu, prêchait la morale de la religion catholique et mettait la patience de la petite nouvelle à l'épreuve.

Sandrine, l'enfant de la maison, était une petite fille gâtée qui s'amusait à rappeler à Soleil qu'elle n'était pas du même sang. Sandrine répétait tout simplement ce qu'elle entendait des adultes autour d'elle.

Elle mangeait bien, elle engraissait, elle grandissait, elle se développait. Elle dormait bien dans sa nouvelle famille d'accueil. On constata chez le docteur que son problème d'anémie diminuait. À l'école, elle avait fait la connaissance d'une amie nommée Carole. Dans la cour d'école, un enfant du nom de Monica était méchante. Elle poussait Soleil, lui disait des noms, lui tirait les cheveux, lui donnait des coups. Elle en parla à Marie et à Joseph. Joseph lui dit : « Il faut que tu apprennes à te défendre seul, corrige-la sinon c'est moi qui vais te corriger en arrivant. »

Un soir après l'école, la tortionnaire courut après elle. Soleil se retourna, la regarda et lui demanda : « Que veux-tu ? » Monica commença à la battre. Soleil répliqua, elle remettait les coups, poussait, frappait, égratignait, tirait les cheveux en criant : « Tiens ! Grosse vache ! » L'enfant se sauve chez elle en courant pendant que Soleil peut rentrer chez elle en paix. À la suite de cette bagarre, Monica la laissa tranquille. Soleil avait gagné le respect de toute la classe.

Elle vient de découvrir quelque chose, elle est capable de se défendre. Elle aimait bien fréquenter Carole, elle a deux frères et deux sœurs. Carole appartenait à une bonne famille.

Chez son amie ainsi que dans sa nouvelle famille d'accueil, l'esprit de famille et la façon de vivre sont à l'opposé de ce qu'elle vit chez ses parents naturels. Elle se questionne et s'interroge : *Qu'est-ce qui est normal ? Est-ce que c'est ce que je vis chez Marie et Joseph ou bien c'est ce que je vis chez Fabius et Magdalena ? Ou bien aucune des deux ?*

CHAPITRE 15

LES GUIMAUVES, LA BIÈRE, L'AGRESSION

La courageuse fillette passe le week-end chez ses parents naturels. À l'arrivée, elle constate qu'il y a de la poussière en grande quantité sur les meubles, les planchers sont sales. Il y a dans la cuisine plusieurs sacs d'épicerie contenant le même article à l'intérieur. Juste à côté, se trouve une caisse de bière, vingt-quatre bouteilles. Son père lui dit : «lorsqu'il y a un solde au marché d'alimentation, on doit se faire une réserve.» Soleil se demande alors : *quelle est l'utilité d'avoir six sacs de papier brun d'épicerie avec dans chacun, une dizaine de boites de mélange à gâteau instantané ?*

Elle s'interroge : *Qui a le droit de manger du gâteau ici ? Surtout pas les enfants en tout cas.* Fabius collectionne les timbres en plus de sa collection de monnaie. Dès le matin, il buvait, puis il continuait à boire toute la journée. Ivre, il devenait violent. Nathalie, Stéphanie et Soleil étaient consignés dans la même chambre. Nathalie qui a volé un sac de guimauve, l'ouvre et commence à les lancer sur ses sœurs. Une bagarre amicale commença. Résultat, il y a de la guimauve partout, même au plafond. Leur père exaspéré d'entendre du bruit leur ordonna de cesser, sinon il a menacé de monter et de les corriger avec un balai.

Stéphanie avait déjà le balai dans les mains, elle essayait de décoller les guimauves du plafond. Les filles éclataient de rire, Nathalie dit à la blague : «Viens on t'attend.» Heureusement que leur bourreau n'avait pas entendu l'invitation. Les filles ont nettoyé la chambre sans faire de bruit, satisfaites d'avoir profité ensemble d'un instant pour s'amuser.

Au début de la soirée, Fabius demanda à Soleil de s'asseoir près de lui pour regarder la télé. Regarder la télé, ce n'était pas son but, il voulait s'amuser avec l'enfant. Viens, regarde, touche.

Avec ses grosses mains de satyre, il caressait la poitrine, le ventre, les cuisses de l'enfant, il toucha même aux parties intimes. La petite ne s'habituait pas, elle regardait au plafond partir son esprit ailleurs pendant que son père caressait ses parties intimes. Dans son for intérieur, elle sait que ce n'est pas correct.

Pourquoi ça, elle n'a pas la réponse. Perdue dans son monde, sa mère, elle, droguée par les médicaments, la cigarette d'une main, le café dans l'autre, marche dans la cuisine, fait toujours les mêmes pas, comme les animaux qu'on voit en cage depuis trop longtemps. Une fois l'opération terminée, son agresseur lui ordonne d'aller se coucher. Dans son lit, elle n'arrive pas à dormir. Elle se sent souillée, «pourquoi mon père agit-il comme ça avec moi?» se dit-elle. Elle réussit à s'endormir seulement au petit matin.

La journée commence, Magdalena qui a l'air si triste, parle à sa fille du mauvais caractère de son père. Elle se plaint : ton père est un bourreau, je ne peux pas sortir, je n'ai pas la permission de me maquiller, pas le loisir de mettre du vernis à ongles, pas le privilège de m'acheter de nouveaux vêtements, l'argent sert surtout pour sa bière et ses collections.

Soleil dans sa tête se dit : *Maman si tu savais tout ce que papa me fait endurer, je n'ai pas le droit d'en parler, c'est interdit.* Elle a répondu à sa mère avec son plus beau sourire : «Ça va aller mieux avec le temps, ne t'en fait pas maman.» Une fois le week-end terminé, elle a dû retourner dans sa famille d'accueil. Sa conscience lui disait que ce n'était pas bien d'abandonner sa mère aux mains du bourreau. Que pouvait-elle faire?

CHAPITRE 16

VAUT-IL LA PEINE DE VIVRE ?

Dans sa famille d'accueil, elle est encore malade, elle court aux toilettes pour vomir. Elle doit se coucher tôt, car elle est fatiguée. Un bon matin, la tutrice Marie dit : je suis enceinte, bientôt il y aura un bébé dans la maison. Elle ignore si c'est une bonne nouvelle. Dans sa dernière famille d'accueil, elle a dû partir après l'arrivée du bébé, il fallait faire de la place. Elle n'avait pas la tête à ça, elle pensait à sa mère qu'elle avait laissée seule avec son père qui était une brute.

Elle souhaitait du fond du cœur qu'on se soit trompé à sa naissance. Elle pensait qu'elle n'était pas dans la bonne famille, des erreurs, ça arrive. C'est impossible pour elle d'avoir des parents qui oublient leurs responsabilités à ce point. Le père est méchant et Magdalena est écrasée, impuissante. Elle est séparée constamment de ses frères et sœurs et elle vit chez des étrangers. Ça n'a pas de sens, en plus lorsqu'elle visite sa famille, elle en voit de toutes les couleurs, c'est l'enfer. Souvent, elle est agressée sexuellement, elle a honte.

La vie est dure. Soleil se questionne : *Vaut-il la peine de vivre ?* Dans sa tête, elle élabore plusieurs plans pour s'enlever la vie. Elle s'interroge sur la manière de se suicider. Quelle serait la manière la plus efficace pour mettre fin à ses jours ? D'un autre côté, elle manque de bravoure, si elle échoue, elle devra expliquer son geste.

Chez Marie et Joseph, elle est une petite fille souriante, elle mange bien et elle dort d'un sommeil profond. Son amie Carole joue souvent avec elle. Leur jeu préféré est le saut à la corde. En apparence, il n'y a pas de problèmes, Soleil a une vie normale, elle s'est bien adaptée. Ils ignorent complètement tout ce que cet enfant subit chez ses parents.

Pour ce qui est de l'anémie, sa guérison est pratiquement complète. Elle interroge son tuteur sur toutes sortes de sujets différents. Il l'aide pour ses travaux scolaires. Marie n'aime pas quand Soleil lui pose trop de questions. Elle lui dit : «Poses pas de questions si tu ne veux pas avoir de menteries ou bien répètes après moi, de quoi je me mêle, je me mêle de mes affaires.» Soleil aime que ses affaires soient bien ordonnées, Sandrine est négligente, volontairement, elle laisse traîner ses jouets.

Marie-Ange examine Soleil lorsqu'elle mange, c'est fatigant, elle veut définir la façon de manger de cette petite. Soleil mange ses légumes avant sa viande et la grand-mère lui reproche à chaque repas de ne pas prendre une bouchée de chaque aliment dans son assiette.

Pour elle, sa vie est comme un tourbillon sans fin, il y a des hauts et des bas. On lui a fait un cadeau en lui donnant la vie, elle n'est pas certaine de vouloir garder ce cadeau.

À l'extérieur elle donne l'image d'une petite fille joyeuse et pleine de vie, mais à l'intérieur ses idées noires occupent la plupart des ses pensées. Elle se sent démunie face à ce qu'elle vit, ne trouve pas de réponses à ses questions.

Elle devient inquiète à chaque fois qu'elle pense à sa mère, est-elle en train de pleurer, de se faire battre? Elle n'arrive pas à se réconforter pour envisager l'avenir de façon positive. Personne ne la prend dans ses bras pour lui dire : «Je t'aime ma petite chérie, même si tu fais des erreurs, je ne cesserai jamais cesser de t'aimer.» Tout ce qu'elle reçoit comme semblant d'affection, ce sont les *caresses* du père. Or, ces caresses ne sont pas des marques d'affection. Dans le domaine du sexe, Soleil en sait beaucoup. Elle a vu le membre viril de son père en érection, elle a enduré la pénétration, elle a senti le liquide en elle. Pour un enfant de neuf ans, c'est beaucoup, c'est même trop.

Soleil, par les épreuves, vieillit beaucoup trop vite à l'intérieur, n'ayant pas d'explications logiques à ce qu'elle subit. L'enfant en elle s'éteint doucement.

Projet de vie

CHAPITRE 17

MARIE DONNE LA VIE

L e 12 janvier 1973, Marie met au monde un magnifique garçon qu'on nommera Sébastien. Après quatre jours, Joseph va chercher Marie et Sébastien à l'hôpital.

Arrivée à la maison, Soleil voit le bébé, elle ressent à l'intérieur une telle joie que ses yeux se remplissent de larmes qui coulent le long de son visage. Elle est profondément émue.

Elle se dit dans sa tête : quel merveilleux cadeau, que de donner la vie, c'est fantastique. La complicité entre ce petit être et Soleil s'est faite de façon instantanée. Dans son berceau, Sébastien sourit, le sourire comble Soleil de joie. Il lui apporte un bonheur pur.

Dans sa famille d'accueil, tous les matins, on reçoit le journal. Soleil, dix ans, a commencé à feuilleter le journal. Un jour, elle sursaute. Elle n'en croit pas ses yeux. Elle a lu un article qui dit qu'un père est accusé d'avoir abusé physiquement ses enfants. Elle transpire, son cœur bat de plus en plus fort. Elle se dit : *Fabius n'a pas le droit de me traiter comme il le fait.* Elle n'arrive pas à déposer le journal sur la table.

En même temps les idées tourbillonnent dans sa tête. Elle regarde sa tutrice dans les yeux et lui dit : « J'ai lu un article dans le journal ce matin à propos d'un père qui abuse ses enfants, ça ressemble beaucoup à moi cette histoire. » Marie sans hésitation lui répond : « On m'a dit, lorsque je t'ai acceptée chez moi, qu'il ne faut jamais croire les enfants, ils font ça juste pour attirer l'attention sur eux. » Elle rajoute : « On m'a dit aussi de ne pas m'attacher à toi, que ta mère était dépressive et que ton père était fou et que c'est lui qui devrait être soigné. » La gosse fige sur place, elle ne trouve aucun mot pour décrire sa souffrance. Elle n'en revient pas et se dit : *Ils sont conscients que mon père est méchant et ils me permettent de passer des week-ends chez lui, je suis perdue.* Elle sait maintenant qu'elle n'a aucun moyen d'être libérée des agressions. Personne ne croira ses propos. Elle ne voit plus du tout Marie de la même façon, elle n'est plus certaine que ce soit une bonne personne.

Elle part et marche un long moment dans les rues avoisinantes. Elle a besoin de digérer ce qu'elle vient d'entendre de la bouche de sa tutrice. Soleil sent la colère monter en elle, ça se peut que les adultes sachent que des enfants subissent de mauvais traitements sans qu'ils leur viennent en aide. C'est dégueulasse, il n'y a pas de justice dans ce monde. Franchement elle trouve que les adultes autour d'elles se comportent mal. Fabius abuse d'elle. Marie joue à l'autruche, elle ne veut rien entendre.

Soleil se demande : *Pourquoi elle l'a accepté chez elle si elle ne veut pas la protéger ?* Elle continue : *J'ai dix ans et je suis abandonnée à mon triste sort, personne ne m'aime, personne ne m'aide. Finalement, je pourrais mourir, personne ne pleurera.*

Le clown triste

CHAPITRE 18

SOLEIL DANSE BIEN

Soleil et son amie Carole aiment danser avec d'autres amis. Elles ont commencé à composer des chorégraphies et passent des heures à pratiquer. Les filles ont l'intention de faire un spectacle et les spectateurs seront les parents. Elle découvre le plaisir de créer et a bien hâte de montrer ses talents artistiques. Elle va en parler à Marie et va l'inviter. Cependant, Marie n'est pas intéressée par ses activités et se trouve une excuse pour ne pas y aller. Le spectacle avait lieu le samedi à 14 heures.

Tous les parents étaient présents sauf ceux de Soleil. Elle a reçu des félicitations des autres parents. On lui a dit qu'elle avait bien dansé et qu'elle avait fait preuve de créativité pour ses mouvements de danse. Elle est satisfaite de sa performance, elle est fière.

Le vendredi suivant son spectacle, Soleil va passer un autre week-end dans sa famille. Elle voit sa mère et remarque qu'elle a quelque chose de changé, ça fait penser à sa tutrice, on dirait qu'elle est enceinte. Elle pose la question à Fabius : « Est-ce que maman attend un bébé ? » Son père lui répond : « Qu'est-ce tu vas chercher là ? Elle n'est pas enceinte du tout ! Elle a juste trop mangé. »

La fillette, haute comme trois pommes, est septique. Elle n'est pas certaine que son père lui dit la vérité.

Dans l'après-midi, Soleil, Serge et Richard ont faim. Dans le frigidaire, ils ont vu, un gros morceau de saucisson coupé en tranches. Le père écoute le hockey et Magdalena est allée dormir. Chacun leur tour, ils décident d'aller voler une tranche à la fois dans le frigidaire sans faire de bruit. Les trois mousquetaires contents de voir que leur plan fonctionnait, continuèrent jusqu'à qu'il n'y ait plus de saucisson. Lorsque Magdalena est venue pour faire à souper, il n'y avait plus de saucisson. Le bourreau a corrigé ses enfants avec la *strap* et les a enfermés dans leurs chambres pour la soirée.

Dans la soirée, sans faire de bruit, Richard descend doucement l'escalier. Il se rend jusqu'à la cuisine, ensuite, il vole un paquet de cigarettes sous la table qui appartient à sa mère. Magdalena ne s'en n'est même pas rendue compte.

Fabius achetait plusieurs cartons de cigarettes pour sa femme. Curieusement, le bourreau lui permettait de fumer. Le vilain garnement avait même réussi à retourner dans sa chambre sans se faire prendre.

Richard demanda à Soleil et à Serge de se sauver par la fenêtre avec lui. Soleil ouvra la fenêtre et demanda à son frère : «Ce n'est pas trop risqué de sauter du deuxième étage ?» Il répond : «Non, je l'ai déjà fait, t'as juste à faire comme moi.» Comme de vilains garnements, ils décidèrent de sauter du deuxième étage.

Ensuite, ils sont partis dans un boisé pour fumer en cachette. Une fois de retour, les enfants essayèrent de remonter dans leur chambre, mais sans succès. Ils ont dû cogner à la porte pour que Fabius puisse les laisser rentrer dans la maison. Ses petits étaient terrifiés, ils étaient certains d'avoir une punition. À leur grande surprise, le bourreau ne les a pas punis, il leur a tout simplement dit d'aller immédiatement se coucher. Soulagés, ils n'ont pas tardé à entrer sous les couvertures.

CHAPITRE 19

MAL AUX OREILLES

C'est dimanche après-midi, Soleil est encore chez ses parents. Soudainement, elle ressent un élancement atroce à l'oreille droite.

Elle pleure et crie de douleur. Fabius qui est couché, se fâche et dit : «Je vous ai dit de rester tranquille et de ne pas faire de bruit *tabarnaque*, qu'est-ce qui se passe?» Louis le frère aîné dit à son père que Soleil a mal aux oreilles. Leur bourreau réplique en hurlant : «Si t'es pas capable de fermer ta gueule pis d'arrêter de crier, je m'en vais te porter tout de suite dans ta famille d'accueil, c'est tu assez clair ça.» La fillette, affligée comme une âme en peine, a cessé sur-le-champ de se plaindre.

Le lundi matin, elle est de retour dans sa famille d'accueil. Elle explique à sa tutrice qu'elle a eu mal aux oreilles au point de se tordre de douleur. Marie lui a répondu : «On va en parler au docteur lors de ton prochain rendez-vous.»

Elle lui parle de Magdalena qui a quelque chose de changé, on dirait qu'elle attend un bébé. Marie lui fait la remarque : «C'est impossible de faire un autre enfant quand ils ne sont même pas capables de prendre soin de vous autres adéquatement.» Soleil ajoute : «Cette fois, je ne pense pas me tromper, elle a le même ventre que vous lorsque vous étiez enceinte.» Sa tutrice rajoute : «Si ton père a fait un bébé à ta mère, c'est qu'il est encore plus fou que ce que je pensais.» L'enfant, désespérée par cette conversation, ressent le besoin d'aller prendre un peu l'air pour digérer tout ça.

Pendant qu'elle marche, les pensées se bousculent dans sa tête. Je suis venue au monde dans une famille dirigée par des fous, ça ne se peut pas. Quelqu'un va s'ouvrir les yeux et va me sortir de là. Pas Marie en tout cas, elle sait qu'il se passe des évènements pas trop catholiques et ne fait rien pour me tirer de là.

C'est aberrant, je n'ai pas senti qu'elle voulait agir. Soleil se sent prise au piège. En plus, elle est certaine que Magdalena attend un enfant, un autre petit être qui vivra dans la misère. Par la suite, Soleil décide d'aller voir Carole pour se changer les idées. Elles dansent sur la musique et ça la défoule qui en a vraiment besoin.

Deux heures plus tard, elle est prête à retourner dans sa famille d'accueil, faire semblant que tout va bien dans le meilleur des mondes. Elle va même faire le clown au souper pour faire rire et détendre l'atmosphère.

Le soir au coucher, elle va penser sans cesse à sa famille et finira par s'endormir de fatigue. Le lendemain, Marie, Joseph et les enfants partiront faire des commissions. Son tuteur est tannant dans la voiture, il pèse sur les freins par exprès. Les enfants qui sont assis sur la banquette arrière doivent à chaque fois, se tenir pour ne pas se cogner la tête contre la banquette avant. Marie est fâchée contre son mari et lui ordonne d'arrêter. Sandrine et Soleil trouvent ce jeu amusant et veulent qu'il continue.

Mais la femme lui dit : « On va finir par avoir un accident, arrête de niaiser. » Joseph en bon mari arrête de faire le fou pour faire plaisir à sa douce moitié.

CHAPITRE 20

UN ENFANT EST NÉ

Nous sommes en septembre 1973 et Soleil va de nouveau passer le week-end dans sa famille. Fabius la surveille et lui demande : «Où vas-tu ?» Elle répond : «je vais voir le bébé, il doit être dans votre chambre.» Effectivement, la petite fille ne s'était pas trompée, elle fit sa première rencontre avec son petit frère. Ses parents ont décidé de l'appeler Martin. Elle pense que son père est stupide et ignorant. Il a fait un bébé à ma mère alors que tous ses autres enfants sont placés dans des familles d'accueil ou au couvent.

Lors de ses visites de sa progéniture, le monstre l'abuse sexuellement, ce triste individu abuse de tous ses enfants physiquement et psychologiquement. Sincèrement, elle est découragée, en plus il a fait un huitième petit être qui vivra dans la misère et la souffrance. Elle s'interroge dans sa tête : *N'y a-t-il pas de loi qui peut nous protéger contre ce genre d'imbécile ?*

Soleil a juste onze ans. Elle n'est plus une petite fille, à l'intérieur sa révolte est grandissante. Son père l'invite à s'asseoir près de lui pour regarder la télévision, cette fois elle lui dit non. Elle ajoute : «Papa j'ai très mal au ventre et j'ai mal au cœur aussi, je préfère aller me coucher.» À la grande surprise de Soleil, son père n'a pas insisté. De plus, il n'est pas venu dans sa chambre cette nuit-là. Aurait-elle trouvé une façon de s'en sortir ? Elle se fait réveiller au petit matin. C'est Nathalie sa sœur qui lui demande : «As-tu une ceinture, j'ai mes menstruations.» Endormie, demi-sommeil, elle prend sa ceinture de cuir et lui donne.

Nathalie furieuse la lance par la tête en lui disant : «Ce n'est pas cette sorte de ceinture, niaiseuse.

−Laisse-moi donc dormir si tu es pour chialer, vasouille Soleil, je voulais juste de te rendre service. »

Le week-end terminé, elle retourne dans son foyer nourricier. Elle demande à Joseph : « Qu'est-ce que ça veut dire redemanstruer ? »

−Cette fois, ce n'est pas moi qui vais te donner la réponse, lui répond son tuteur, il faut t'adresser à Marie pour ce genre de question.

−On ne dit pas redemanstruer, réplique sa tutrice, on dit menstruation. Lors des menstruations, la femme perd du sang, les petits oeufs ont éclaté. »

−Pourquoi perdre du sang ? demande soleil, je ne comprends rien ».

Marie se donne la peine de tout lui expliquer correctement. Soleil a maintenant onze ans, la tutrice sait que ça pourrait commencer bientôt. On lui a expliqué en même temps qu'à partir de ce moment, elle pourra avoir un enfant.

Cette petite fille trouve ça magnifique et effrayant en même temps. Recevoir le don de donner la vie tout en étant soi-même une enfant. C'est peut-être pour ça que son père l'a laissé tranquille lorsqu'elle lui a mentionné qu'elle avait mal au ventre. Fabius pense peut-être qu'elle a déjà ses menstruations, ça expliquerait pourquoi il n'a pas insisté l'autre soir. Elle espère du plus profond de son être ne plus jamais être abusée par son père.

CHAPITRE 21

IMPUISSANTE DEVANT L'INJUSTICE

L e temps passe, entre l'école et les amis, tout est assez calme pour le moment dans la vie de Soleil. Elle ne s'en plaint pas. Un soir, c'est Marie-Ange la grand-mère qui gardait et elle est couchée dans son lit. Tout à coup, Soleil entend un bruit étrange comme si quelqu'un avait du mal à respirer.

Elle décida de se lever pour aller vérifier ce qui se passait vraiment. Arrivée à la cuisine, elle aperçut Sébastien, qui avait du mal a respiré, il était tout rouge. Il avait un hochet coincé dans la gorge. Sans aucune hésitation, elle enfonça ses doigts dans la bouche de cet enfant pour retirer le jouet qui lui coupait sa respiration. Le petit garçon se mit à respirer pendant que la jeune fille déterminée jeta le hochet dans la poubelle. Ce n'était pas la faute à cette dame âgée Marie-Ange, la grand-mère, elle porte un appareil auditif. Au moment de l'incident, elle était à la salle de bain, son appareil devait être fermé, parce qu'elle n'avait absolument rien entendu. Au retour de ses tuteurs, elle décida de veiller sur l'enfant et offrit ses services de surveillante.

C'est l'après-midi, un magnifique soleil brille à l'extérieur. Marie lui dit qu'elle a de la visite et que cette personne l'attend à l'extérieur. Cette petite fille curieuse se dépêche d'aller voir. C'est Serge son frère, il est blessé. Elle s'empresse de lui demander : «Qu'est-ce qui s'est passé, ton visage est recouvert d'ecchymoses?» Serge en pleurant dit : «C'est mon père qui m'a battu, je ne veux plus retourner chez lui, je veux que tu me gardes avec toi.» En examinant Serge, elle vit les marques de coups. Les lèvres étaient enflées, les yeux étaient noirs, les bras étaient égratignés, le sang coulait.

55

Elle est bouleversée, c'est un miracle qu'il ait pu marcher jusqu'ici. Elle demande à sa tutrice de lui venir en aide et de permettre à son frère de rester à la maison. Marie téléphona aux services sociaux et demanda la permission de prendre soin de l'enfant maltraité. Les services sociaux ont interdit à Marie de le prendre en charge et n'ont absolument rien fait pour secourir cet enfant en difficulté. Marie a avisé Soleil : « Je n'ai pas le droit de le garder chez moi, à l'heure du souper, il devra être parti. » Soleil est découragée, aucun adulte ne peut intervenir. Que faire ? Elle regarde son frère qui pleure encore, elle est désemparée, elle doit lui annoncer qu'elle ne pourra pas l'aider.

Ce refus involontaire, pour elle, de l'intérieur, c'est comme si l'on venait de lui planter un couteau en plein dans le cœur tellement sa douleur était intense. Elle savait que ce n'était pas bien de le laisser partir et s'en voulait profondément d'être impuissante devant une telle situation.

Serge a tenté par la suite de contacter l'aîné de la famille, Louis. Lui qui avait été jeté dehors par leur bourreau et il vivait maintenant en appartement. Ce jeune garçon a demandé à un chauffeur de taxi : « Je veux que tu me reconduises chez mon frère Louis. »

Par un heureux hasard, le chauffeur de taxi lui répond : « Louis, eh bien oui je le connais, embarque. » Les chances pour que ce chauffeur le connaisse étaient pratiquement inexistantes. Pourquoi le chauffeur connaissait Louis, je ne peux pas vous l'expliquer. Mais cette journée-là, Serge a eu un ange qui a veillé sur lui. Louis a poursuivi Fabius devant le tribunal de Québec. Devant la cour, Fabius reconnut avoir battu son fils. Devant ces faits, le juge ordonna qu'on lui retire la garde légale de Serge. En dépit de la condamnation de la protection de l'enfance, les travailleurs sociaux continuaient à envoyer ses enfants passer le week-end chez leur bourreau. De plus, le juge avait laissé à ce bourreau la garde légale de Martin.

CHAPITRE 22

ELLE EN A RAS LE BOL

E lle en a ras le bol de ces adultes au cœur dur qui n'ont pas de compassion devant la souffrance des enfants. Elle ne sait pas ce qui la met le plus en colère, les abus du bourreau ou bien l'inaction des personnes qui pourraient intervenir.

Du plus profond de son cœur, elle détestait son père, elle voudrait le voir mort. Pour ce qui est de ceux qui font l'autruche autour d'elle, le regard que cet enfant porte sur eux est assez pitoyable et espère ne pas leur ressembler lorsqu'elle sera une adulte.

Encore une fois, elle ira passer le week-end dans sa famille. Cette fois, elle apporte dans sa valise des serviettes hygiéniques. Elle n'est pas dans son cycle menstruel, mais elle pense que si son père est convaincu qu'elle a ses règles, il va la laisser tranquille. Pour l'impressionner, Fabius montre à Soleil ses collections de timbres et d'argent. Il lui montre aussi un beau collier d'une grande valeur qu'il avait acheté pour sa mère. Il lui dit qu'il devait conserver ce bijou dans le coffre à cause de sa valeur.

La jeune fille dans sa tête pensa : *Mon père est tellement stupide, on est sous-alimenté, on n'a pas d'argent pour être habillé convenablement, on est abusé physiquement, sexuellement et psychologiquement et il a le culot de me montrer tout ça.* Elle le hait, en sa présence elle a le goût de vomir. Elle le regarde et lui dit : « C'est bien beau tout ça, mais je vais te dire, franchement papa, je ne me sens pas bien, j'ai mes règles, je serais mieux d'aller me coucher. »

Elle préfère aller au lit plutôt qu'entendre son père se vanter de ses biens acquis alors qu'il ne prend pas soin de sa famille adéquatement. Durant le week-end, elle passera la majeure partie du temps dans sa

57

chambre. Elle sortira juste pour les repas et faire sa toilette. Soleil a marqué un point, son père ne l'a pas touchée du week-end.

De retour dans sa famille d'accueil, elle n'a plus le même regard face à la vie. Sa colère est grandissante, elle ne parle même pas de son week-end, ça n'intéresse personne. Elle a douze ans, elle a déjà perdu ses illusions face au monde qui l'entoure. Elle a hâte de devenir une adulte pour avoir la possibilité de sortir d'un milieu hostile.

Au début de l'été, elle offre ses services pour travailler comme chef de groupe dans un terrain de jeu. À l'entrevue, le patron lui demande : «Quel âge as-tu?» Cette jeune fille au visage rouge comme une tomate lui répond : «J'ai douze ans, monsieur, j'ai douze ans.

−Tu as deux semaines pour faire tes preuves.

−Vous allez être satisfait de mon travail, monsieur, merci.»

Elle a travaillé tout l'été et son supérieur était content de la compter dans son équipe. Les enfants l'aimaient beaucoup et la reconnaissaient dans la rue.

Lorsqu'elle voulait se rendre chez son amie Carole, elle devait faire un détour pour se cacher des gamins qui voulaient la garder avec eux pour s'amuser. Chez Carole, Soleil danse et oublie un peu ses problèmes. Soleil est capable de lire les cartes, dire la bonne aventure. Personne ne lui a jamais montré, elle ne sait pas d'où vient le talent, c'est comme ça. Ça amuse la famille de Carole et de Marie.

CHAPITRE 23

SOLEIL EST RÉVOLTÉE

S oleil a douze ans et demi, elle va consulter son médecin pour vérifier son état de santé. Elle demande à son docteur : pourriez-vous examiner mes os, certaines personnes se moquent de moi à l'école, ils disent que je suis trop maigre. Le docteur examine minutieusement Soleil. Il lui explique : «C'est normal, l'os avant de l'épaule, la clavicule, est brisé. Si tu veux, on peut t'opérer pour régler ce problème.

–Est-ce que c'est vraiment nécessaire, ça ne me fait pas mal.

–Tu n'es pas obligée d'avoir une intervention, juste si tu en as le désir.

–Je ne veux pas de chirurgie.» lui répond Soleil.

Dans sa tête elle est surprise, pas d'apprendre qu'elle a un os de dessoudé, mais qu'après toutes les corrections qu'elle a subies, qu'elle soit blessée juste à une place. Le docteur n'a même pas demandé à Soleil comment c'était arrivé. Étrange se dit-elle, pourquoi les adultes se ferment-ils volontairement les yeux devant ce qui saute en pleine figure.

Elle a maintenant treize ans, elle est de plus en plus sauvage. Personne ne peut la toucher. Lorsqu'une personne l'approche et veut lui donner une tape sur les fesses juste pour blaguer, elle riposte en donnant une bonne taloche au farceur. Elle se fait respecter par son entourage.

Elle a commencé à avoir ses règles, c'est une jeune femme maintenant. Marie reproche à Soleil de ne pas assez sortir. Elle lui dit :

«Tu es sauvage comme ton père.» Elle n'a vraiment pas envie d'entendre qu'elle peut ressembler à son bourreau. *Mon père est ignorant, moi je suis intelligente et toi, Marie, tu joues à l'autruche pendant que moi je souffre*, se dit-elle.

À l'école, elle trouve un garçon, de son goût, il s'appelle André. Il a juste à lui dire : «Salut! Belle blonde, comment ça va?» Elle devient rouge comme une tomate, son cœur bât à vive allure et elle n'est plus capable de parler. Elle est très attirée par lui, mais ce n'est pas quelqu'un de sérieux. Elle connaît bien sa sœur. Elle lui raconte de nombreuses anecdotes au sujet de sa famille. Malgré son attirance, même si ce jeune l'invitait chez lui, elle n'accepterait pas.

Dans son entourage, on considère Soleil comme une personne stricte, elle ne fume pas, elle ne boit pas, ne fait pas de mauvais coups non plus. Ses amis ne peuvent pas comprendre pourquoi à son âge, elle est déjà si sérieuse et si responsable.

Elle ne manque jamais d'argent, l'été elle fut monitrice dans un terrain de jeu et le reste du temps, elle garde des enfants régulièrement. Ses camarades n'ont pas de travail, ne gardent presque pas non plus. Elle se fait couper les cheveux courts comme un garçon, porte des jeans et un manteau de même mode. Elle aime bien écouter les séries policières à la télé et commence à penser qu'elle aimerait bien rentrer dans la police lorsqu'elle sera plus grande. Comme activité, elle est inscrite dans un cours de karaté.

Elle est capable de faire une centaine de redressements assis sans difficulté et de plus n'a aucun problème à retenir les séries de plusieurs mouvements. À l'occasion, elle doit mettre des gants de boxe pour pratiquer cet art martial. Elle a enfin trouvé une façon de se défouler dans la légalité.

CHAPITRE 24

UNE NOUVELLE IMAGE

Elle a appris par hasard que son frère aîné. Louis, s'est marié. Son ami Jocelyn a photographié durant le mariage. Elle lui téléphone pour prendre rendez-vous au sujet des photos.

Lors de la rencontre, elle reçoit un appel téléphonique de son père. Fabius lui dit : «Qu'est-ce que tu fais seul avec un garçon, est-ce que tu es toute nue, t'es juste une putain.

–T'es malade, je suis juste là pour choisir des photos de noces que je vais payer avec mon argent.»

–T'es juste une putain, réplique son bourreau, je ne te crois pas, une fille seule avec un garçon qui ne fait rien, t'es rien qu'une menteuse.

–Là, c'est assez, je viens régler ça à la maison.» raccrochant le téléphone brusquement.

Elle oblige Jocelyn à la reconduire chez elle immédiatement. La soupape de la jeune femme vient de péter, je vais le tuer, c'est aujourd'hui qu'il va mourir pense-t-elle.

La confrontation avec son père est explosive, elle crie en le menaçant de mort. Magdalena assiste à la scène sans réagir. Pour la première fois de sa vie, le bourreau a peur de sa fille et n'ose pas lui faire face. Elle lui dit : «Tu m'as battu, abusé et tu as manifesté de la cruauté mentale à mon égard, c'est fini, je vais t'étrangler.»

Au même instant, le tuteur Joseph arrive et l'empêche de mettre ses menaces à exécution. Son tuteur lui demande de s'éloigner en lui expliquant : «Je ne sais pas pourquoi tu veux le tuer, je ne t'ai jamais vu dans une telle colère.» Il ajoute : «Je ne te demande pas les raisons, je te dirai une chose par exemple, peu importe ce qu'il t'a fait ne gâche pas ta vie pour lui, il n'en vaut pas la peine.»

Joseph n'a pas parlé de cet incident avec Marie. Soleil, ce soir-là, est allée se coucher enragée et soulagée en même temps de ne pas avoir été punie pour son comportement.

Elle pense que Joseph est un ange qui veille sur elle en ne lui demandant rien en retour. Elle le respecte, mais en même temps ne comprend pas pourquoi personne ne s'intéresse à son histoire.

Elle pense que, pour son entourage, c'est acceptable qu'elle subisse de mauvais traitements tant qu'elle n'en parle pas et qu'elle n'essaie pas de se venger. C'est ça la vie, pas de justice, seuls les méchants l'emportent. Elle est effrayée par sa révolte. Elle sait maintenant qu'elle pourrait avoir le courage de tuer quelqu'un qui lui fait du mal.

Ce soir-là, elle va prendre la décision de réussir sa vie et s'engage personnellement à ne plus tenter d'abréger la vie de son père. À la suite de la crise, elle se comporte de façon exemplaire. Elle est appréciée de son entourage.

Pour les gens qui l'entourent, elle est devenue une jeune fille heureuse qui mord dans la vie. Elle a compris que, dans le monde des adultes, tant que tu affiches une image qui leur plait, tu n'as aucun problème. Son entourage immédiat ne veut pas savoir si elle souffre à l'intérieur, ils n'en ont rien à cirer. Alors, Soleil s'applique à leur donner l'image parfaite.

CHAPITRE 25
OÙ EST JOSEPH ?

C'est l'anniversaire de Joseph. Marie, Marie-Ange et Soleil ont acheté une magnifique bague en or avec pierre de naissance comme cadeau. Joseph est gêné et heureux à la fois de recevoir un si beau présent. Son tuteur est un homme pas très grand et avec plusieurs livres en trop. Lorsqu'il porte son habit du dimanche, il se promène dans la maison plus fier qu'un coq en disant aux membres de la famille que c'est lui le plus beau. Soleil rigole lorsqu'il se comporte ainsi. Au fait, elle ne le trouve pas beau du tout, il a un gros nez et ses lèvres ne sont pas assez fines à son goût.

Les raisons qui font que cette jeune femme le respecte c'est : son intelligence, sa gentillesse, son sens de l'humour et la façon qu'il a de respecter les gens autour de lui. Soleil a déjà quatorze ans, elle s'amuse toujours à tirer aux cartes sa tutrice et en certaines occasions à d'autres personnes. Elle lui raconte : «Il y quelque chose qui m'embête pour la fête des Mères, Marie, je ne vois pas Joseph, il n'est pas là du tout et je suis incapable de te dire pourquoi.» Elle ajoute : «Je vais te tirer aux cartes dans une semaine, je suis certaine que c'est une erreur.»

Elle va s'amuser avec son amie Carole qui lui demande : «Je vais visiter ma parenté au Saguenay dans deux semaines, voudrais-tu m'accompagner?»

−Je ne sais pas, il faut que je quémande la permission. Combien de temps va-t-on rester?

−Trois jours seulement.» lui répond sa camarade.

De retour à la maison, elle sollicite l'autorisation de Marie pour aller au Saguenay. Sans problèmes, sa tutrice lui accorde le droit de partir avec son amie. Une semaine plus tard, elle tire Marie aux cartes et ne voit toujours pas Joseph pour la fête des Mères. Elle dit à Marie, je dois être dans l'erreur, je suis certaine qu'il va être présent.

Elle arrive de l'école, nous sommes le vendredi après-midi et sa tutrice fait les cent pas dans la cuisine, elle a l'air très inquiète. Soleil lui demande : «Marie, qu'est-ce qu'il y a? Tu as l'air triste.

–Joseph est parti ce midi en me disant de garder la bague qu'on lui avait offerte en cadeau pour ne pas la briser.»

Elle ajoute : «J'ai reçu un téléphone de son entreprise, il n'est pas rentré cet après-midi, on le cherche partout.

–Ne t'en fais pas, rassure Soleil, on va le retrouver, il y a sûrement une explication logique.»

Mais à l'intérieur, elle pense : *J'ai un de ses mauvais pressentiments, j'espère que je me trompe.* Dans la maison, on aurait pu entendre une mouche voler tellement c'était silencieux. Environ trente minutes plus tard, les policiers ont cogné à la porte et Marie les a reçus. Un des deux agents lui demande : «Vous êtes bien la femme de monsieur Joseph?

–Oui, c'est moi, qu'est-ce qui passe?

–Madame, nous avons retrouvé le véhicule de votre mari sur le pont Pierre Laporte, répond l'agent, Il semblerait selon le témoignage des gens présents que votre mari aurait couru à toute vitesse et aurait tombé en bas du pont madame, je suis désolée de vous apprendre cette triste nouvelle.»

Soleil qui était placée à côté de Marie durant cette conversation était en état de choc et ne pouvait sortir aucun mot de sa bouche.

Pont suicide

Lac Saint-Jean

CHAPITRE 26

LA DISPARITION

Malgré la gravité de l'évènement, Marie a décidé que Soleil devrait quand même aller au Saguenay avec Carole. Elle dut prendre tout son courage pour annoncer la mauvaise nouvelle à sa meilleure amie. Elle l'informa, qu'elle n'était pas prête pour le moment, à lui donner plus de détails. Elle veut juste qu'elle soit au courant. Elle part en voyage, une fois encore elle ne peut laisser paraître ce qu'elle ressent à l'intérieur. Elle visite la famille de sa meilleure amie de corps, mais pas d'esprit. Lors de sa première nuit, elle rêve que Joseph arrive à la maison et explique à tous les membres de sa famille que c'est une grossière erreur.

Malheureusement à son réveil, elle constate que ce n'est pas la réalité. Elle qui a songé plusieurs fois au suicide se pose énormément de questions. Son tuteur avait l'air heureux à ses yeux. Les apparences sont trompeuses dit-on. Joseph tout comme Soleil avait sans doute compris que son entourage portait plus attention aux apparences qu'aux vrais sentiments.

Cet homme donnait l'image à l'extérieur d'être un bon vivant, mais à l'intérieur il devait vivre de terribles souffrances. Si elle qui est un enfant n'a pas le droit d'exprimer sa détresse, encore moins un adulte. Elle pense que c'est pour cette raison qu'elle se sentait si proche de lui. Ces deux êtres avaient appris l'art de cacher leurs souffrances à leur entourage.

Donc, Soleil qui a réfléchi longuement décide qu'elle ne finira pas comme lui. Elle choisit de réussir sa vie, elle ne veut surtout pas finir comme ses parents non plus. Elle pense que si Joseph s'est suicidé, c'est qu'il n'a jamais osé affirmer ce qu'il voulait vraiment.

Ses parents eux n'ont jamais eu comme priorité le bien-être de leurs enfants. Elle veut devenir policière, c'est le métier qui l'intéresse. Elle a l'intention d'en informer sa tutrice dès que la possibilité va se présenter. Elle prend aussi la décision de protéger le petit garçon Sébastien qui est maintenant orphelin de père. Elle va lui apprendre à aller à bicyclette. Elle va aussi lui apprendre à nager, mais n'appliquera pas la méthode des brutes. Elle donne un bon coup de main à Marie qui est débordée depuis le départ de son mari.

Marie ne savait pas conduire une automobile, elle ne savait pas s'occuper des finances. Joseph possédait sa propre entreprise avec ses deux frères. De plus, il avait acquis trois bâtiments à logements. Marie a dû s'inscrire à des cours de conduite, à quarante ans ce n'est pas évident. Elle a engagé un comptable pour gérer ses finances et on raconte qu'elle s'est fait avoir.

Soleil observe Marie et décide qu'une fois adulte, elle sera complètement autonome. Elle conclut dans sa tête : *L'autonomie amène l'indépendance et diminue le pouvoir aux autres d'essayer de te manipuler.* Sa tutrice dépend de son entourage, elle est ignorante pour ce qui regarde les finances.

Suite à ses cours de conduite automobile, elle a obtenu son permis de conduire. Mais, lorsqu'elle conduit, Marie est tellement nerveuse, qu'elle fait des erreurs. Elle est dépressive, on n'a pas encore trouvé le corps de son bien-aimé. Ça l'empêche de faire son deuil. Elle en veut à Joseph de l'avoir laissée seule avec tous les problèmes.

CHAPITRE 27

LE CORPS DE JOSEPH
EST REPÊCHÉ

Trois mois plus tard, Marie reçoit un appel d'un policier, qui lui annonce qu'on a repêché le corps de son mari dans le fleuve. C'est un de ses frères, Roger, qui est chargé d'aller l'identifier à la morgue. Roger dit : ce n'est pas beau à voir, il est gonflé de partout, son corps est en début de putréfaction, ses yeux sont exorbités et ses cheveux et ses poils s'arrachent par touffes. Son frère en premier lieu, a confirmé que c'était bel et bien lui et ensuite il est allé vomir aux toilettes. Cet homme d'affaires n'avait jamais rien vu d'aussi horrible de toute son existence. Il téléphona à sa belle-sœur pour affirmer que c'était son mari qu'on avait retrouvé et qu'elle pouvait commencer les démarches pour les funérailles.

Lors des funérailles, la tombe de ce pauvre suicidé par noyade était fermée. Soleil n'arrêtait pas de pleurer, elle se demandait à quoi pourrait bien servir sa mort. Elle pensait : mon tuteur était un homme bien, c'est Fabius qui aurait dû mourir. Dans sa tête, elle pense : *C'est comme ça la vie, les bonnes personnes meurent et les mauvaises restent en vie, c'est injuste.*

Elle assiste au plus beau témoignage d'amour des proches de Joseph qu'on puisse être témoin dans notre existence. Elle se questionne et s'interroge : *Être bon dans la vie ce n'est pas suffisant pour être heureux, est-ce que les gens en général profitent un peu trop de cette catégorie d'individus?*

C'est difficile pour elle de bien comprendre, elle se demande, c'est quoi la bonne recette pour réussir. Elle aime les enfants, les personnes âgées, les animaux, la nature. Les adultes, alors là, elle n'arrive pas à les suivre, elle ne comprend pas toujours leur façon de se comporter. Ils se donnent des grands airs, vont à l'église pour bien paraître et se ferment volontairement les yeux devant les vrais problèmes de la vie. Elle se dit : *Si c'est l'exemple que je dois suivre, je ne suis pas certaine que je veux leur ressembler.*

Bien peu de gens savent que Joseph s'est suicidé, Marie cache la vérité et dit qu'il a eu un accident. C'est que selon la sainte Église catholique, il va aller en enfer si son bien-aimé s'est enlevé la vie. Toujours selon la religion catholique, si c'est un accident, il va aller tout droit au ciel. Elle constate : seules les apparences comptent vraiment.

Pour elle, le monde des adultes est compliqué. Il faut se comporter de façon exemplaire, ne jamais mentir, avoir des bonnes manières, respecter les adultes en tout temps et plus encore. Dans la Bible, on peut lire ceci : « Tu honoreras ton père et ta mère, afin que tes jours se prolongent sur le sol que Dieu te donne. » Elle se demande : *Est-ce que Dieu a pensé aux enfants, qui comme moi qui n'ont pas la chance d'avoir de bons parents?*

Soleil aura quinze ans dans deux semaines et la personne qui a été la plus méchante envers moi, c'est mon père. Elle réfléchit : *Et selon Dieu, il faut que j'honore un monstre, mon oeil.*

CHAPITRE 28

SOLEIL NE S'EN LAISSE PAS IMPOSER

S oleil a déjà quinze ans. Physiquement, son anatomie a atteint une certaine maturité ou la beauté n'est pas absente. Un bon soir au mois de novembre, son amie Carole l'invite à un party dans son sous-sol. Il y a des filles, une dizaine de garçons, des beaux, des laids, des grands, des petits. Un jeune homme aux yeux bruns s'approche et invite Soleil à danser. Il a des pieds de danseur. Le couple tourne, valse, saute, c'est beau de les voir. Le jeune homme est vêtu d'un pantalon noir classique et une belle chemise blanche. Soleil, elle, porte une belle robe unie de couleur rouge. Après la danse, Alain lui dit qu'il veut devenir son ami. En souriant, elle répond : «Bien volontiers !»

Après environ quinze jours de fréquentation, il va essayer de la tripoter. Elle dit non, bas les pattes. Le garçon continuait, elle lui administra une de ces gifles digne d'un boxeur. **Clack !** Sur la joue de l'amoureux surpris, on pouvait voir la trace des doigts. Il la regarda décourager et lui dit : «Tu sais, si tu ne veux pas que je te touche, tu as juste à me dire non, ne me frappe plus, d'accord ?» La jeune fille accepta de ne plus le frapper et de lui parler à la place. Ils vont se fréquenter pendant environ six mois. C'est elle qui va y mettre fin, elle le trouvait trop passionné, il avait les mains baladeuses.

Carole fréquentait un copain et elle aussi voulait mettre fin à sa relation. C'est que son amoureux Sylvain avait des aventures régulièrement avec d'autres filles. Elle expliqua à Soleil que Sylvain était pour la battre si elle mettait fin à leur relation. Soleil dit : «J'ai trouvé la solution, tu vas lui annoncer en ma présence et comme ça il n'osera pas te frapper.» Carole accepta sa proposition et elles se donnent rendez-vous le soir même dans le parc. Le copain de Carole arriva. Soleil venait tout juste de se faire coiffer, elle était maquillée, elle était en jupe et portait des talons hauts. Il faisait beau, elle et ses amis se promenaient dans le parc.

Il était 19 h environ, Carole lui dit : «Sylvain, j'ai quelque chose d'important à te dire : entre-nous, c'est terminé, c'est fini, n-i ni. Je ne veux plus sortir avec toi.» Alors, les yeux du jeune homme changèrent de couleur. Il lui dit : «Ma *crisse* ! Tu m'abandonnes ! Tu es une salope. Ça ne se passera pas de même.» Il s'approcha d'elle, le poing levé. Alors, Soleil, vive comme l'éclair, attrapa le bras du garçon et le serra comme un étau dans sa main. Il lance un de ses cris de mort en criant : «Lâche-moé, *tabarnaque* !

−Tu as voulu frapper mon amie, t'es mort.»

L'adolescente se battait avec l'ancien copain de son amie.

Même si les autres amis sur place essayent de les séparer, elle continue la bagarre. Le jeune homme mesure cinq pieds et dix alors qu'elle mesure cinq pieds et six. Soleil, qui était forte, n'avait pas peur. Elle saisit le garçon à la gorge et tenta de l'étranger.

Tout se passait en pleine rue lorsque tout à coup elle entend, on a téléphoné à la police et elle s'en vient. Cette jeune fille ne voulait pas avoir affaire avec la police. Elle s'adresse à son adversaire : «On arrête, je ne veux pas avoir de problèmes et toi non plus, j'en suis sure.» Il accepte aussitôt et tout le monde est rentré chez eux incognito.

Le lendemain matin, elle se rendit à l'école et apprit qu'elle lui avait fait quatre trous dans l'avant-bras. Elle pensa qu'il allait être furieux et qu'il allait essayer de prendre sa revanche. Mais non, arrivée à l'école, ce jeune homme lui a tenu la porte en guise de respect pour qu'elle puisse rentrer. À partir de ce jour, plus personne n'a tenté de se mesurer à elle. Cette adolescente n'accepte pas les injustices et pour elle c'est simple, un plus fort ne s'en prend pas à un plus faible. C'est pour ça qu'elle voulait bien devenir policière, l'idée de faire régner la justice sociale lui plaisait.

L'indifférence

CHAPITRE 29

LA DIFFÉRENCE ENTRE LE POUVOIR ET LE VOULOIR

Un jour, Soleil prit son courage à deux mains et annonça à Marie qu'elle voulait devenir policière. Sa tutrice lui répondit en colère : « Ton père aurait dû faire un garçon avec toi, tu veux devenir policière comme ça tu es violente comme lui. » Elle ajouta : « Pour une fille ça ne vaut pas la peine d'étudier, tu vas te marier et avoir des enfants à quoi ça sert d'être instruite ? » Elle termina ainsi : « Moi je t'aurais vu mannequin, en tout cas à dix-huit ans, il faut que tu sois partie. Moi je ne m'occuperai plus de toi. »

Marie avait des préjugés, pour elle, les policiers doivent souvent intervenir physiquement lors des arrestations. Et toujours selon son mode de pensée, ce n'était pas la place d'une femme. La place d'une femme était au foyer à préparer les repas, faire le ménage et à faire des petits.

La jeune fille se sentait encore une fois incomprise. Elle n'a pas mentionné qu'elle voulait faire partie de la mafia. Elle a juste mentionné qu'elle voulait devenir policière. Elle s'interrogea : *Pourquoi n'ai je pas le droit d'étudier ? Pourquoi ne veut-elle plus de moi à dix-huit ans ? Elle se demanda : Pourquoi je devrais me marier et faire des bébés parce que je suis une femme ?*

Elle est tannée de se questionner sans avoir les réponses. Elle va faire son cours de commis de bureau à l'école. Ça l'ennuie à mourir, mais ça satisfait Marie. À la fin de son cours, elle écrivit au Service de recrutement de l'armée canadienne, elle voulait être admise au Centre de formation des candidats au poste de policière militaire. On lui fait passer une batterie de tests.

L'armée était prête à l'accepter, mais pour un poste en administration. Cette jeune fille ne désirait pas aller s'asseoir dans un bureau, elle voulait être au cœur de l'action, elle refusa.

Un soir, Soleil gardait des enfants juste dans la maison en face de chez sa famille d'accueil. La jeune fille reçoit un appel téléphonique, c'est le garçon qu'elle trouvait de son goût à l'école. Ce garçon nommé André lui dit :

– « Salut ! Belle blonde ! Est-ce que tu me reconnais ? »

Son cœur battait à vive allure, elle devint rouge. Calmement, elle répondit : « Non, je ne sais pas, qui tu es.

–Voyons, quand nous étions à l'école ensemble, ma belle blonde. »

Elle s'en souvient mais elle ne veut pas lui dire. Nerveusement, elle lui répond : « Non, je ne m'en souviens pas, est-ce qu'on avait des cours ensemble ? »

–Voyons ma belle blonde, j'étais avec toi en anglais, tu ne t'en souviens pas ? » relance-t-il.

Elle a une bonne mémoire, c'est qu'il a deux ans de plus qu'elle. Elle n'a pas oublié comment il était poche à l'école. Si ce n'était pas de ses beaux yeux verts et de son beau sourire, elle ne lui aurait jamais adressé la parole. Elle le trouvait vraiment de son goût. Elle ne veut pas qu'il pense qu'il peut l'avoir facilement.

Elle va le niaiser au moins trente minutes au téléphone avant de lui dire : « Ah oui ! Là je te replace, André. » Elle enchaîne en lui demandant : « Quelle est la raison de ton appel ?

–Je voudrais te voir ce soir ? Est-ce que c'est possible ?

–Ca dépend, répond la jeune fille calmement, je termine de garder à 21 h 30. »

Dans le repli de son for intérieur, elle goûtait à une explosion de joie. Il s'intéresse à moi se dit-elle. D'un commun accord, ils vont accepter de se rencontrer en face de chez Marie après qu'elle aura fini de garder. Ce jeune possède une voiture et l'invite à s'asseoir à l'intérieur pour discuter.

Il lui explique qu'il a fait son cours de mécanique et qu'il travaille comme déménageur en attendant de trouver un emploi dans son domaine.

Juste le fait d'être en sa présence, sa température corporelle augmentait et la jeune femme devint le visage rouge comme une tomate. Difficile à cacher pour une blonde aux yeux bleus. Ils vont discuter ensemble un bon moment et le jeune homme va lui demander de sortir avec elle. Elle accepta avec plaisir. Avant que Soleil rentre chez elle, il va l'embrasser passionnément. Elle en est amoureuse.

Chiens amoureux

Les grandes différences

CHAPITRE 30

SOLEIL FRÉQUENTE
UN MALPOLI

Chez la tutrice Marie, Soleil avait reçu une éducation puritaine. Pas le droit de s'habiller trop osé, pas le droit de trop se maquiller, il fallait bien se tenir en tout temps. Il fallait utiliser le bon langage. Sa tutrice lui disait souvent : peu importe l'éducation que tu as, si tu n'as pas de savoir-vivre, tu n'iras pas loin dans la vie. Il ne faut pas se laisser toucher les parties intimes par un garçon, ce sont juste les putains qui se laissent faire. Il faut attendre d'être mariée pour ça, sinon les gars nous étiquettent comme étant une fille facile.

Soleil est complexée, elle se trouve trop grande et trop maigre. Elle trouve que ses seins n'étaient pas assez gros, que sa bouche est trop grande. Elle a une oreille différente de l'autre, son ventre est trop rond. La vérité c'est que la jeune femme avait belle allure, mais elle n'avait pas confiance en elle.

André et Soleil se fréquentent sur une base régulière. Au bout de quelques rencontres, Soleil constata que le garçon n'avait pas de manières : il boit beaucoup, il blasphème, il sacre, il est dépensier.

C'est tout le contraire de la jeune femme. Quand il embrasse, il est fougueux, il veut la toucher, il veut caresser les seins, il veut même aller plus bas. Soleil refuse. Mais, en dépit de ces défauts, la jeune fille est attirée. Ils sont attirés l'un envers l'autre comme des aimants magnétiques. Les contraires s'attirent, dit-on. À plusieurs reprises, il tente d'aller plus loin que le simple baiser avec sa conquête. À chaque essai, il a droit à une réplique sévère.

À long terme, son comportement désinvolte va occasionner plusieurs disputes entre eux. Un soir, sur la route, alors qu'il reconduisait Soleil chez elle. Il avait un peu trop bu, il conduisait une bière entre les jambes. Ce jeune homme essaya encore une fois de la tripoter. Elle se fâcha et commença à le frapper pendant qu'il conduisait. Son copain va perdre le contrôle de sa voiture et ils vont se retrouver dans le clos. Heureusement pour eux, ils ne sont pas blessés, ils ont eu la peur de leur vie. La police arrêta pour les secourir et appeler pour faire remorquer le véhicule. Arrivés chez Marie, les deux amoureux encore sous le choc se sont isolés au salon pour discuter.

Il pleure et en même temps lui dit : «J'ai eu vraiment peur que tu meures à cause de moi.» La jeune femme ne sait pas quoi faire. Elle pensait : *Ca pleure un homme, qu'est-ce je fais, moi la majorité du temps on me disait, arrête de pleurer sinon tu vas avoir une volée.* Elle se disait : *Ça me fait de la peine de le voir comme ça, mais je ne sais pas comment résoudre le problème.*

Elle pense avoir trouvé une solution, elle va le consoler comme un enfant. Elle prit sa tête et va l'appuyer sur sa poitrine et le rassurer. Elle a vu sa tutrice faire ça avec ses enfants. Ça marche, son amoureux se console, mais arrête de pleurer. À la suite de cet incident, il devint un peu plus sérieux et diminua sa quantité de consommation de bière.

En présence de sa blonde, il va soigner un peu plus son langage aussi. Pour sa façon de gérer son argent, c'est catastrophique, il a les poches percées, il doit même lui emprunter de l'argent. C'est un bon travaillant qui ne refuse jamais de faire des heures supplémentaires.

CHAPITRE 31

SOLEIL DOIT AFFRONTER SA PEUR

S oleil a maintenant dix-sept ans, travaille dans une cafétéria et fréquente toujours André. Ça devient de plus en plus sérieux leur relation. Un soir, il va inviter sa blonde à faire un tour de voiture. Il trouve un endroit discret et stationne sa voiture. Là il va commencer de nouveau à vouloir la tripoter. Elle hurle, elle ne veut pas qu'il la touche.

Il demande des explications : « Notre relation est sérieuse, je t'aime et toi, tu m'aimes. Pourquoi je ne peux pas te toucher ?

–Avant d'aller plus loin dans notre relation, il faut que tu saches, flanche-t-elle.

–Quoi, qu'est ce qu'il y a ?

–C'est mon père, quand j'étais petite, se confie-t-elle, il m'a fait des choses.

–Quelles choses ?

–Il a abusé de moi. »

Le copain fige sur place, il devient muet de stupeur. Elle ajoute en pleurant : « La nuit, il venait dans ma chambre, il me touchait, il essayait de me violer. »

À cet instant, il comprit d'un seul coup, pourquoi il n'avait jamais pu la toucher. Il lui promit qu'il va prendre son temps et qu'il va être

81

toujours doux avec elle. Il ajouta aussi : «Jamais je ne vais te forcer à faire quelque chose contre ton gré.»

Cette jeune femme a ressenti un grand soulagement de lui avoir confié son secret. Ce jour-là, ses sentiments pour son amoureux sont devenus plus forts. Graduellement, il réussit à apprivoiser sa blonde.

Elle qui était toujours très complexée, ne montrait jamais une partie de son corps. Avec le temps, la libido du jeune couple montait et était sur le bord d'exploser. Ils pensent qu'il serait préférable de prendre un contraceptif. Elle l'avisa qu'elle allait voir le médecin pour qu'il lui prescrive la pilule anticonceptionnelle. Ils vont attendre trois mois avant d'avoir une relation complète en cachette.

Un soir, seul dans la maison, dans la chambre d'André, le jeune homme invita Soleil dans son lit. Ils commencèrent à s'embrasser, se caresser, se déshabiller. Les amoureux étaient maintenant nus sous les couvertures.

Avec maladresse, André avait réussi à pénétrer sa blonde. Même si c'était un peu douloureux pour elle, ce fut un moment magique, ils ne faisaient plus qu'un. Elle se sentait coupable d'être allée voir le médecin, se sentait encore plus coupable d'avoir eu une relation sexuelle avant le mariage. C'était un secret, il ne fallait en parler à personne. Elle l'aime, elle ne regrette pas de s'être abandonnée à lui. Elle ne peut pas envisager sa vie sans lui.

Entre-temps, elle va faire la connaissance d'une cousine de son âge du côté de son père. Son nom est Linda, tout de suite le courant passa entre les deux. Linda va alors lui proposer d'aller vivre avec elle à St-Jean d'Iberville.

Elle sait très bien qu'à dix-huit ans, elle doit avoir quitté le domicile de Marie. L'idée de vivre l'aventure lui plaît. Soleil accepte avec plaisir et ensemble ils vont se louer un appartement. André devra voyager pour voir sa blonde. Arrivé à sa majorité, personne au grand jamais ne pourrait se rendre compte de toute la souffrance vécue lors des agressions.

La jeune femme s'est fixé plusieurs objectifs, ne jamais être violente comme son père, ne jamais abuser des enfants, ne jamais être dépressive comme sa mère, ne jamais être dépendante comme Marie et toujours rester honnête. Pour la première fois de son existence, elle est seule responsable de ses actes. Avec tout ce qu'elle n'a pas reçu et avec tout ce qu'elle a subi, quelles sont ses chances de réussir ?

L'épanouissement

Chemin de la vie

CHAPITRE 32

LES FRÈRES ET SŒURS DE SOLEIL
CONSÉQUENCES OU RÉUSSITES, QUE SONT-ILS DEVENUS?

C ommençons par **Martin**, il travaille en réparant des chaises pour handicapés au gouvernement. Il est propriétaire d'une maison avec sa blonde qu'il fréquente depuis plusieurs années. Ils ont une magnifique petite fille.

Continuons avec **Mylène**, elle enseigne les mathématiques au secondaire. Elle est mariée, elle a deux enfants et habite dans une magnifique maison.

Richard travaille dans le domaine des finances depuis plusieurs années dans l'armée. Il est marié, il est père de deux enfants. Il a une belle maison en banlieue.

Serge a été pilote d'avion dans l'armée durant plusieurs années, maintenant il a sa propre entreprise et donne des cours de pilotage. Il est marié et a deux enfants. Il possède aussi des chevaux et habite une maison avec un grand terrain et une écurie.

À dix huit ans, **Nathalie** avait des idées suicidaires et s'est tirée devant un camion sur la route en espérant en finir avec la vie. Le camion a freiné brusquement en l'évitant de justesse. Elle a suivi une thérapie jusqu'à ce qu'elle soit guérie. Elle travaille comme éducatrice dans une garderie. Elle est mariée depuis plusieurs années et a deux enfants. Elle vit en appartement.

Elle a une maladie incurable qu'on nomme le lupus érythémateux. C'est une personne qui tente de contrôler toutes les personnes autour d'elles.

Stéphanie est mère au foyer. Elle est mariée depuis 28 ans et a trois enfants. Elle est dépressive depuis plusieurs années et devra prendre des médicaments pour le restant de sa vie. Elle fait aussi de la fibromyalgie. Elle a hérité en bonne partie des problèmes qu'avait sa mère.

Louis est le révolté de la famille, il a eu l'intention à plusieurs reprises de se suicider. C'est la faute de tout le monde sauf lui s'il ne réussit pas bien dans la vie. Même si Fabius n'est pas son père biologique, il a hérité de plusieurs de ses comportements. Il va avoir plusieurs femmes dans sa vie et va se marier deux fois.

Maintenant, il a l'intention de finir sa vie avec sa dernière conquête qu'il a épousé. Pour le travail, il va changer d'employeurs constamment à cause de son problème d'attitude. C'est un bon travaillant qui pense que c'est juste sa manière de travailler qui est efficace. Il est le père de deux enfants, le premier qu'il n'a jamais vu. Sa femme est partie avant la naissance et a pris les moyens de l'éloigner. Et le deuxième enfant a mis fin à ses jours à l'âge de quatorze ans. Louis en avait la garde légale. Il est en conflit avec plusieurs membres de sa famille. Il envie la majorité de ses frères et sœurs pour leur réussite personnelle.

CHAPITRE 33

LA RÉUSSITE DE SOLEIL

C'est incroyable de voir tous les petits miracles de la vie. La petite fille Soleil, n'a jamais cessé de bâtir tout au long de son cheminement. On peut la comparer à une tortue, lentement mais sûrement. Elle va épouser son bel André et ensemble, elle mettra au monde trois enfants extraordinaires. Elle va avoir sa propre garderie à la maison pendant dix ans pour avoir la possibilité de rester avec ses enfants. C'est une femme active, elle va faire partie durant trois ans d'une troupe de théâtre. Elle va suivre des cours d'informatique. Avec ses amies, elles vont faire de la marche rapide et des longueurs de piscine. Elle va faire de la danse exercice, du karaté, du conditionnement physique.

Au fil des années, André et Soleil s'éloignent l'un de l'autre graduellement. Elle surveille son poids, fait de l'exercice, change son alimentation. Elle aime lire des livres qui peuvent lui apporter quelque chose sur le plan intellectuel et spirituel. Elle veut sortir, aller au restaurant, assister à des spectacles, faire des sorties en couple. Lui c'est tout le contraire, c'est un homme des cavernes qui n'a pas su évoluer.

Il veut que son repas soit prêt à temps, que sa femme s'occupe des enfants du budget, du ménage. Il n'est jamais content et trouve toujours quelque chose de pas correct dans la maison. Lorsque Soleil est retournée sur le marché du travail, ç'a été la fin de leur couple. Il a mentionné aux frères de Soleil, qu'elle reviendrait manger dans sa main. Ce qui ne s'est jamais produit. La femme s'est épanouie, elle a la garde de ses enfants, s'est bâtie une carrière et a vécu une relation avec un autre homme durant quatre ans.

La vie avec cette personne était complètement à l'opposé de ce qu'elle avait connu. Il la regardait comme une femme intelligente, lui faisait l'amour comme un amant. Il aimait sortir, voyager et lui a même montré à jouer au golf. Cependant, cet homme merveilleux a changé du tout au tout. Il n'aimait plus son travail.

Il était constamment en conflit avec son patron. Il refusait de quitter cet emploi à cause des avantages sociaux. À partir de là, il a commencé à trop boire, à lui parler de suicide, à devenir paranoïaque. Ensuite, il a commencé à lui manquer de respect et pour finir par lui faire des menaces de mort. Elle l'a quitté. Ils ont vendu la maison qu'ils avaient acheté ensemble.

Ils ont fait un bon profit sur la vente. Et Soleil s'est acheté une maison où elle vit avec ses enfants. Dans cette maison, il y a beaucoup de sérénité et paix. Finalement, peut-être que son destin est de vivre seule avec ses enfants.

Sa relation avec ses enfants fait l'envie de bien des gens autour d'elles. C'est une bonne mère. Est-ce qu'on peut dire qu'elle a réussi ? Est-ce qu'elle aurait mieux cheminé si elle avait eu une enfance normale ? J'en doute, il y a des gens qui ne vivent aucun problème durant leur enfance. Pourtant, ils stagnent tout au long de leur vie.

Il y a environ vingt-cinq ans, voyons si elle a réussi à atteindre les objectifs qu'elle s'était fixés à dix-huit ans. Elle ne voulait pas être violente comme son père. On peut vérifier sans hésiter avec son entourage, elle aime les gens et ne cherche pas la bagarre. Elle n'a pas abusé de ses enfants. Elle n'est pas dépressive. Elle est autonome au-delà de la plupart des gens en général.

Pourquoi raconter son histoire alors ? Pour expliquer à tous les pauvres enfants qui vivent des horreurs semblables à celle-ci, qu'il y a de l'espoir, peu importe les épreuves que la vie nous apporte.

La lumière brille au bout du tunnel. Ce n'est pas votre faute, vous pouvez réussir, peu importe ce que les gens vous disent. Les vrais coupables sont les agresseurs et ceux qui ferment les yeux volontairement devant l'horreur. Alors en partant, vous avez déjà une longueur d'avance, vous êtes conscients de ce qui est mal. La force morale d'un individu à bâtir n'est pas héréditaire. Soleil a atteint tous les objectifs qu'elle s'était fixés. Aujourd'hui, elle s'est fixé d'autres objectifs pour continuer d'évoluer.

Les grandes différences

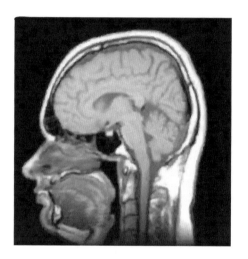

Accident cérébro-vasculaire

CHAPITRE 34

LA SANTÉ DE SOLEIL

Le 19 janvier 2007 vers 1h00 du matin, Soleil a ressenti deux gros coups au cœur et ça lui a fait extrêmement mal. Elle n'a pas réussi à dormir du à la douleur constante. Au lever du jour, Soleil prit conscience que tout son côté gauche était engourdi. Elle ne se sentait pas bien, malgré son état, elle décida de se rendre au travail. Elle avait reçu un vaccin nommé twinrix le 17 janvier 2007. Elle pensait que c'était seulement les effets secondaires du vaccin et qu'elle irait mieux dans deux ou trois jours.

Arrivée au travail, étant directrice adjointe d'un marché d'alimentation, elle essaya d'effectuer sa tournée de plancher comme elle avait l'habitude d'exécuter en premier. Soleil dit à la caissière déjà en place : «**Bonjour!**»

–Mme Soleil vous allez bien ce matin?» lui demande Josée

–En fait non je ne me sens pas bien, j'ignore vraiment ce que j'ai, mon côté gauche est tout engourdi.

–Mme Soleil, ça serait mieux de téléphoner à Info-Santé pour vérifier, moi quand j'ai une interrogation pour des problèmes de santé, c'est ce que je fais.»

Soleil se rendit à son bureau pour leur téléphoner, pour s'assurer qu'elle n'avait rien de grave. Elle parla à une infirmière qui lui posa une série de questions. Elle lui a dit de se rendre à l'hôpital dans le plus court délai possible. Soleil lui a répondu : «Pas de problème, je prends ma voiture, je pars à l'instant.»

En la voyant, l'infirmière s'exclama : «Wow là! Je pense que vous ne me comprenez pas bien Mme Soleil, vous allez tout de suite à l'hôpital et ce n'est pas vous qui conduisez. » Soleil téléphona à son fils qui était à son travail et elle lui demanda de l'emmener à l'hôpital.

Une fois arrivé à l'Institut de cardiologie de Montréal, on passa Soleil à la salle de triage. Ça n'a pas pris quinze minutes qu'elle était couchée sur un lit l'hôpital connectée de partout. Elle a dû passer un scan et suite à cet examen, deux médecins sont venus la voir pour lui donner le résultat.

C'est là, qu'ils lui ont dit : « Mme Soleil c'est un ACV que vous faites et sur votre scan on a pu voir que ce n'est pas le premier que vous faites, c'est le deuxième. »

À partir de là, sa vie avait changé. Il y a toute la période ou Soleil ne réalisa pas qu'elle n'avait plus les mêmes capacités qu'autrefois. Imaginez-vous qu'après seulement deux semaines, elle tenta un retour au travail.

Ce fut catastrophique. Elle n'a pas pu exécuter le quart de ses tâches routinières relier à son poste plus de quatre heures consécutives, Soleil était épuisée, elle a du retourner chez elle. Ça lui a pris deux semaines pour que son bras gauche fonctionne normalement. Sa jambe gauche ne voulait pas coopérer du tout.

Le 14 février 2007, elle commença la physiothérapie. Elle qui avait l'habitude de se garder en forme avant son ACV, là elle ne savait pas qu'il fallait donner autant d'efforts sans voir d'amélioration suffisante pour l'encourager. D'autant plus que dans son contrat d'assurance au travail, elle avait seulement droit à $ 500,00 pour la physiothérapie, à cinquante dollars la visite, ce n'est pas long que tu atteins le montant total. Elle a dû leur composer une lettre pour mentionner l'importance de continuer sa physiothérapie et qu'elle avait besoin de soutien financier.

Elle devait voir à tout ce que fonctionne normalement. La vérité c'est qu'elle se sentait étourdie, qu'elle s'endormait partout, parfois elle voulait dire un mot, c'est un autre qui sortait. Elle avait des troubles de vision du côté gauche. Soleil avait de la difficulté à marcher à cause de sa jambe gauche. Elle oubliait régulièrement les tâches qu'elle devait accomplir. Elle reçut une réponse positive pour ses traitements de physiothérapie.

Ses enfants la soutenaient et l'aidaient énormément. Ils ont eu peur de perdre leur mère qui avait toujours essayé de leur donner le meilleur. Ils lui rendaient bien, c'étaient des amours. Sa belle-fille la soutenait aussi, c'était une vraie perle. Ses frères et ses sœurs l'appelèrent successivement pour prendre de ses nouvelles.

Sa grande amie lui fait savoir qu'elle sera toujours là pour elle. C'est le plus beau cadeau de la vie d'être aimé, ça l'aide à toujours persévérer malgré le peu de résultats obtenus. Soleil devait fournir périodiquement des rapports médicaux à sa compagnie d'assurance. À $40,00 du compte rendu, ça faisait dispendieux à la longue. C'est Sandra qui s'occupait de Soleil à la clinique de physiothérapie, elle avait deux rendez-vous par semaine. Sandra devait l'aider constamment pour son programme d'exercices.

Une fois, elle avait essayé de lui mettre un poids trop pesant, Soleil n'avait rien senti avec sa jambe gauche et elle a eu des bleus sur sa cheville. Suite à cet incident, elle a dû se réajuster. Pas évident de soigner une personne qui n'a pas une bonne sensibilité à une jambe. Nous sommes rendus au début du mois d'avril et Soleil commença à trouver ça long. Elle avait un peu progressé, mais elle restait complètement engourdie à partir du haut du genou jusqu'au bout des orteils. Elle n'avait toujours pas d'endurance physique, elle était lente comme une tortue et elle tombait toujours endormie partout.

Nous sommes rendus à la fin mai et sa compagnie d'assurance l'avisa qu'elle recevrait ses prestations d'assurance salaire jusqu'au 30 juin 2007 en paiement final. Elle trouva ça étrange qu'il puisse savoir à l'avance qu'elle peut être guérie à cette date. Étant donné que

93

les médecins et spécialistes ainsi que sa physiothérapeute n'étaient pas en mesure de lui donner une date pour sa guérison complète.

Le 31 mai 2007, Soleil a du faire remplir par son employeur un formulaire nommé : analyse d'un poste de travail, un formulaire de sa physiothérapeute et envoyer le tout à ses assurances. C'est de la gestion être malade !!!

Le 6 juin 2007, Soleil se leva et elle semblait avoir un regain d'énergie. Elle regardait les murs de sa cuisine et commença à penser que ça serait bien de refaire la peinture. Elle décida cette journée-là de laver son plancher de cuisine et de salon. Là, elle devint de plus en plus essoufflée, elle persista à finir ce qu'elle avait commencé. Mauvaise idée.

Le lendemain, Soleil se leva et elle marcha pratiquement pliée en deux. Elle avait vraiment mal partout et elle ne se sentait pas bien. Le téléphone sonna, c'était son patron qui lui demandait si elle pouvait lui apporter son trousseau de clés. Il en avait besoin pour son remplaçant temporaire. Soleil lui expliqua qu'elle ne se sentait pas très bien et lui suggère d'y aller le lendemain à la place. Son patron accepta, en lui demandant pourquoi elle n'allait pas bien et il lui dit : « Je pense que ce n'était pas une bonne idée de laver vos planchers. »

La journée avance et là son état se détériore, Soleil téléphona à la clinique pour voir son médecin. Elle expliqua à la secrétaire qu'elle ressentait une forte douleur du côté gauche vis-à-vis son cœur. Elle lui donna un rendez-vous à 15h30 avec un autre docteur, le sien n'étant pas disponible. L'horloge indiquait 15 h, sa douleur augmentait et elle savait qu'elle ne pourrait pas conduire sa voiture. Elle téléphona à sa belle-fille, pas de réponse.

Par la suite, Soleil réussit à rejoindre le père de sa belle-fille qui accepta de l'emmener à la clinique. Rendu sur place, son état se détériora, elle était incapable de se tenir debout, on a dû l'asseoir sur une chaise roulante. Le médecin a dû faire sortir de son bureau les patients qu'il était en train de voir et s'est occupé de Soleil. Il prit sa pression qui était en haut de 170 et a dit à sa secrétaire d'appeler l'ambulance et il l'a changée de place. Il lui donna de la nitro, en attendant les ambulanciers. Soleil avait froid, elle faisait de l'hyperventilation.

À son arrivée à l'hôpital, ils lui ont administré deux autres doses de nitro. Ils l'ont gardé une nuit en observation, elle était connectée sur des machines. Le médecin lui expliqua qu'elle faisait une *sternochondrite*, que c'était douloureux, ça allait guérir avec le temps et que c'était les mêmes symptômes qu'une crise cardiaque. Après un ACV, le système musculaire était faible et que de laver les deux planchers c'était trop pour elle.

Urgence

David contre Goliath

CHAPITRE 35

LA SAINTE GUERRE
DES ASSURANCES

Le 19 juin 2007, son médecin remplissait encore un autre formulaire pour sa compagnie d'assurance disant qu'elle n'était pas apte à retourner sur le marché du travail. Là, les problèmes commencèrent avec son assurance, il l'avisa qu'avec le rapport médical cela ne justifiait pas une incapacité totale à accomplir son travail. Elle a dû faire une plainte à l'autorité des marchés financiers pour que sa compagnie d'assurance accepte d'étudier son dossier à nouveau.

Le 18 juillet 2007, son médecin leur adresse une lettre précisant les raisons qui font qu'elle n'était pas apte à retourner au travail. Elle reçut une lettre de sa compagnie d'assurance le 23 juillet 2007.

Cette lettre indiquait qu'elle n'avait pas le droit à son assurance invalidité et lui fixe un rendez-vous avec un neurologue le 14 août 2007. De plus, sur cette même lettre, il précise qu'ils vont continuer d'analyser son dossier seulement sur réception du rapport d'expertise. En attendant, Soleil n'avait plus d'argent qui rentrait et les comptes eux, rentraient toujours.

Heureusement, par l'entremise de l'autorité des marchés financiers, elle a pu obtenir les coordonnés d'un plus haut dirigeant de sa compagnie d'assurance pour l'aider dans son dossier. Elle a réussi à recevoir un chèque au moins pour le mois de juillet, c'était mentionné sous toutes réserves. Ce qui veut dire que si elle était refusée avec le rapport du neurologue, elle devrait leur rembourser ce montant.

Elle était stressée, sa situation était précaire. Le 14 aout 2007, Soleil passait l'examen avec le neurologue, ça durer presque deux heures et elle sortit de là complètement épuisée. Le diagnostic : le tableau clinique est compatible nettement avec un syndrome thalamique droit et une dystonie secondaire du pied gauche due à l'atteinte de sensibilité proprioceptive du pied et du membre inférieur à partir du genou. Il s'agit bel et bien de séquelles d'un ACV chez une hypertendue.

Elle se trouve actuellement dans une condition de plateau. Suite à ce rapport, Soleil a été acceptée en invalidité totale par ses assurances et elle n'a plus eu à se battre avec eux. Un souci de moins, mais tous ces évènements l'ont épuisée. Elle commença à réaliser aussi que sa jambe ne reviendra pas comme avant.

Stress positif

CHAPITRE 36

L'ENTRAIDE

Soleil fait ses exercices de physiothérapie à la maison. Le 5 septembre 2007, son médecin lui prescrit un nouveau médicament, sa pression artérielle n'était pas stable.

Le 13 septembre 2007, Soleil ne se sentait pas bien du tout, elle se rendit dans la salle de bain et elle perdit connaissance. C'est sa fille de 16 ans qui est venue l'aider. Elle lui rafraîchit le visage avec une débarbouillette mouillée. Soleil ouvrit les yeux, se mit à vomir, en même temps se vida par en bas. Elle venait tout juste de faire une syncope.

Ça lui a pris au moins deux semaines à s'en remettre. Elle a cessé de prendre le nouveau médicament. Là, Soleil était pensive, elle commençait vraiment à réaliser que sa vie ne serait plus jamais comme avant. Son entourage immédiat était stressé, il la surveillait pour qu'elle n'en fasse pas trop, ils avaient peur. Sa fille n'est pas sortie chez des amis pendant au moins six mois. Elle avait trop peur qu'il lui arrive quelque chose durant son absence.

L'histoire se répète. Une personne de son entourage est venue raconter à Soleil un fait terrible qui était arrivé dans sa propre famille. Imaginez-vous que son propre fils a abusé sexuellement de sa propre fille durant une longue période.

Une autre histoire hors du commun. Il avait eu le culot de s'en vanter dans un bar de sa région. C'est grâce à un témoin présent dans le bar qui l'a dénoncé. Il a été poursuivi. Devinez quoi ! Il a seulement eu comme sentence des travaux communautaires à faire et suivre une thérapie. Résultat cet individu n'a pas suivi sa thérapie de façon adéquate, il consomme de la drogue régulièrement, il reste avec une femme et il a un enfant.

Lorsqu'elle a raconté son histoire, c'était comme-ci, elle avait forcé un poignard lentement dans le cœur de Soleil, sa douleur était atroce. À cet instant, elle sentit sa pression artérielle monter en flèche.

Malgré tout ce qu'elle ressentait, Soleil tenta de la rassurer en lui disant qu'elle n'était pas responsable du mauvais comportement de son fils. Elle ne comprenait pas pourquoi ça leur arrivait, c'était un couple marié depuis plusieurs années, le père avait un bon travail et la mère était toujours restée à la maison pour s'occuper de ses enfants. Lorsque Soleil est allée chez le médecin deux jours plus tard, sa pression artérielle était montée à 170. Elle avait besoin de remplir ses neurones de façon positive. Elle se rendit à la bibliothèque municipale et elle a commencé à emprunter des livres pouvant lui rapporter sur le plan intellectuel.

Elle a dû sortir le dictionnaire à plusieurs reprises pour comprendre certains mots complexes de sa lecture enrichissante. Ça lui avait fait du bien, maintenant elle avait l'air un peu moins perdue qu'avant sur le plan cérébral. Pour sa condition physique, son état était stationnaire.

CHAPITRE 37

NOUVELLE PASSION DE SOLEIL : L'ÉCRITURE

Le fils de Soleil vient souper à la maison et lui dit : «Étant donné que tu ne peux pas retourner sur le marché du travail maman, tu devrais écrire ton livre. Ça fait longtemps que tu m'en parles et ça serait bien d'avoir un projet devant toi.»

Le temps des fêtes arrive et l'idée d'écrire son livre commence de plus en plus à occuper ses pensées. Soleil avisa sa famille durant cette période qu'après les fêtes, elle allait se mettre à l'écriture. L'année 2008 débuta et son projet aussi. Pour son fait vécu, elle devait faire des recherches pour s'assurer l'exactitude de ce récit. Elle trouvait ça exigeant et captivant en même temps. Le 15 février 2008, elle fait enregistrer ses droits d'auteur. En parlant avec son amie Jade, elle lui mentionne qu'il faudrait qu'elle pense à faire reconnaître son handicap au niveau du gouvernement. Soleil et son médecin ont rempli la demande le 5 mars 2008 et Soleil l'a envoyé par la poste.

Le 18 mars 2008, elle avait un rendez-vous avec un nouveau neurologue, il devait vérifier s'il pouvait essayer ou non, un traitement de botox pour son pied gauche. Elle est restée au maximum 15 minutes dans son bureau. Elle lui a demandé si son état allait s'améliorer. Il lui a répondu froidement : «Considérant qu'il s'est écoulé maintenant plus d'un an depuis votre ACV, non vous allez rester comme ça.»

Elle est retournée à la maison, déçue de ce qu'elle avait entendu. Heureusement qu'elle avait sa passion pour l'écriture qui occupait une bonne partie de ses pensées. Le 8 avril 2008, son médecin a reçu un autre formulaire à remplir pour faire reconnaître son handicap. Le 1er mai 2008, il l'a rempli et Soleil l'a posté. Soleil adorait faire des recherches pour son livre, elle trouvait ça captivant. Son projet avançait lentement mais sûrement.

Le 23 mai 2008, son handicap fut reconnu au gouvernement. Maintenant, elle pouvait s'occuper de faire sa demande pour sa vignette. Un autre formulaire à faire remplir par son médecin, elle l'envoya par la poste le 25 juin 2008.

Elle s'occupa de faire dessiner à la main la photo de l'enfant qu'elle voulait pour son livre. Au mois de juillet, elle commença à envoyer son livre à des maisons d'édition. Le mercredi 20 août 2008, dans le journal L'Action régionale inc., elle lut un article *Appel aux poètes, si le rouge vous inspire.* Elle décida de participer et d'envoyer son texte.

Elle est allée le lire de façon maladroite au Musée des beaux-arts de St-Hilaire le 28 septembre 2008. Soleil était stressée, elle réussit quand même à aller jusqu'au bout. Sur place, il y avait un dénommé M. Debel qui représentait une maison d'édition.

En arrivant chez elle, elle prit des informations sur Internet sur cette maison d'édition. Elle lui a envoyé un *courriel* lui demandant si elle pouvait lui envoyer son manuscrit. Bonne nouvelle ! Elle a reçu sa vignette par la poste. Le 29 septembre 2008, Soleil reçut un courriel de M. Debel lui disant qu'il était intéressé à ce qu'elle lui envoie son manuscrit. Elle lui envoya par courrier express le 30 septembre 2008.

Le soir même, M. Debel lui envoya un autre courriel lui disant : « Bonjour Mme Soleil, j'ai bien reçu votre manuscrit , j'en ai lu un bon bout et je l'ai soumis à mon comité de lecture, je suis également intéressée à vous rencontrer pour une éventuelle publication. »

Par chance que Soleil était assise au moment de lire ce courriel par ce qu'elle est certaine qu'elle en serait tombée par terre. Si elle réussit à faire éditer son livre et bien c'est son rêve qui va pouvoir se réaliser.

C'est aussi le soleil qui arrive dans sa vie après la tempête, c'est fantastique. Depuis son ACV, Soleil ne peut plus faire de la marche, jouer au golf, aller danser, magasiner sur une longue période, laver les planchers et murs, passer la balayeuse.

Par contre, elle peut encore conduire sa voiture, nager, cuisiner. Surtout faire ce qu'elle aime le plus, écrire.

Pour elle, ce n'est pas ce qu'elle a réussi qui est important, c'est ce qu'elle n'a pas eu le temps d'accomplir. Elle est la preuve vivante que la richesse d'une personne n'est pas héréditaire. La beauté d'âme, la chaleur, la lumière et la force intérieure l'habitent. Le soleil rayonne en elle.

La passion de l'écriture

La route de l'amitié

ANNEXE I

Voici une touchante lettre de la meilleure amie de Soleil sur la façon dont on la perçoit aujourd'hui

À mon amie Soleil,

Ensemble, nous avons parcouru de longs chemins et de longues discussions nous avons eu. Nous étions dans chacune nos histoires, parfois pêle-mêle, et nous vivions chacune nos émotions. Toi, tu étais toujours décidée. Une fois la décision prise (décisions qui prenaient peu de temps à mûrir) tu passais à l'action, visant droit au but sans changer quoi que ce soit. Le dos bien droit, affirmative, tu ne voyais pas rien d'autre. Tu avais oublié d'avoir peur, tu avais oublié de te remettre en question. Et voilà que tout se faisait tel que tu l'avais décidé et sans aucun remords, c'était réglé. Tu crois en tes moyens.

Soleil, tu es une belle personne forte, intelligente, tu aimes la vie. Tu es pleine d'audace et tu sais te servir de tes forces dans toute ta survie. De ces forces, tu surmontes et braves toutes les difficultés que la vie t'apporte. Courageuse, vaillante, tu es une personne qui vise par en haut.

Tu es un bel exemple pour ta famille et ton entourage. Tu aimes la beauté et la beauté t'aime. C'est pourquoi tu as ce que tu as. Soleil, la vie est parfois dure pour toi, mais la vie ne pourrait se passer de toi. L'amour et le respect que tu donnes à tes proches se ressent dans les plus grands respires. Quel que soit le projet ou le défi que tu mèneras dans ta vie parce que tu es ce que tu es et rien ne pourrait l'empêcher, tu seras toujours une gagnante. Il faut y croire, la sagesse que tu portes en vieillissant, ta grande force de croire en toi, ton énorme courage, ton beau jardin rempli de fleurs, ne pourrait laisser quiconque indifférent. Ce que tu dis vaut la peine d'être dit et d'être entendu. Ce que tu fais vaut la peine d'être vu et d'être utilisé.

Je suis contente, je suis fière et je me sens privilégiée de te connaître et de te côtoyer.

Avec toute mon amitié sincère, ta meilleur amie, Jade

Soleil à 6 ans
Portrait fait à la main par Jean-Philipe Laramée

ANNEXE II

Sans être une spécialiste en la matière, je vais prendre le temps de vous faire une analyse de cette petite à l'âge de six ans.

• L'expression de son visage globale signifie **la peur** : sentiment de forte inquiétude, d'alarme, en présence ou à la pensée d'un danger, d'une menace

• Vous serez à même de remarquer ses sourcils en virgule montante qui signifient :
— **Tristesse** : état naturel ou accidentel de chagrin, de mélancolie ; caractère d'une chose triste ;
— **Affliction** : grand chagrin, douleur profonde ;
— **Désolation** : extrême affliction, peine douloureuse ;
— **Détresse** : désarroi, sentiment d'abandon, de solitude profonde.

• L'expression des yeux signifie **la crainte** : sentiment de quelqu'un qui craint ; la peur.

LA PHYSIONOMIE DU VISAGE

• Les **yeux** grands ouverts dénotent plus d'ouverture au monde, d'extraversion, d'idéalisme, voire de rêverie. Les yeux bleus signifient l'inconscient, fragile, intuition, romantisme, dynamisme, froide intelligence, sentimentalité, logique et inquiétude.
• Le **nez** court souligne la promptitude, la rapidité de réaction, la spontanéité instinctuelle de mise en application des forces disponibles.

• Les **narines** allongées donnent plus d'intellectualité, de civilité aux contacts ; les narines dilatées appartiennent aux instinctifs.

• La **bouche** mince indique le refus, le repli ou simplement une forte maîtrise de soi, un choix volontaire de nourritures extérieures.

Sans être une experte à la matière, si je me fie à la physionomie de son visage, cette jolie petite fille a suffisamment d'atouts pour réussir. Que va-t-il se passer si toutes les expressions de son visage demeurent constantes ? Je me questionne sérieusement sur les consé-quences. Est-ce qu'on peut vivre ce genre d'émotions durant une longue période sans que ça laisse aucune trace ?

ANNEXE III

J'ai fait de nombreuses recherches dans différents livres sur les sévices faits aux enfants. Dans cette annexe, je vous transmets plusieurs opinions et points de vue.

Première considération :
Quelles sont les limites inhérentes au placement ?

Il déracine l'enfant, il n'apporte ni certitude à l'enfant ni stabilité. Il est sujet au boycottage des parents naturels, la ressource ne résiste pas toujours au boycottage de l'enfant lui-même. Il ouvre la porte à une multiplicité de déplacements, il brise le sentiment d'appartenance de base. Il ne peut combler les carences initiales de l'enfant. Sans l'autorisation du parent, il faut démontrer au tribunal qu'il n'y a pas dans la réalité de mesures meilleures. Et que toute l'aide externe apportée aux parents et à l'enfant a été tentée sans succès. Ce qui rend parfois le placement nécessaire difficile à réaliser au moment voulu. Il n'apporte pas de garantie de qualité, d'excellence et de sécurité pour l'enfant.

Les ressources ne sont pas à l'abri d'une détérioration de la qualité évaluée initialement. Il manque des ressources appropriées aux besoins réels. Il existe des délais d'attente pour avoir accès aux ressources.

Les ressources peuvent présenter une incapacité de composer avec les problèmes nouveaux qui surgissent chez l'enfant dans le temps.

Les ressources peuvent être des lieux privilégiés ou peuvent s'établir clandestinement des réseaux d'exploitation sexuelle des jeunes.

(passage du livre Protection de l'enfance réalité de l'intervention par M. Robert Dubé et Mme Marjolaine St-Jules)

Deuxième considération :
Les traits de personnalité rencontrés chez des parents maltraitants

A : Arrêt du développement affectif
. immaturité
. dépendance
. besoin de combler les carences passées

B : Pauvre image de soi
. pauvre estime de soi
. manque de confiance en soi
. sentiment d'incompétence
. manque de valorisation
. pauvre identité personnelle

C : Isolement
. isolement social
. difficulté dans les relations interpersonnelles
. manque d'empathie pour les autres
. manque de chaleur dans les contacts humains
. incapacité à établir des relations de confiance
. problèmes conjugaux

D : Solitude et dépression
. dépression franche
. apathie
. humeur triste
. peur de la solitude

E : Pauvre contrôle de la colère
. agressivité
. hostilité
. impulsivité

Tableau traduit et adapté de : Prodgers, A., *Psychopathology of the Physically Abusing Parent : A Comparrison with the Bordeline Syndrome, Child Abuse and Neglect*, 1984, vol. 8, p. 411-424.

Le modèle psychiatrique

Il suppose que le parent-abuseur souffre d'une quelconque affection mentale ou du moins, qu'il présente des traits de personnalité spécifiques directement reliés à la maltraitance.

(passage du livre Protection de l'enfance réalité de l'intervention pas M. Robert Dubé et Mme Marjolaine St-Jules)

Troisième considération :
Les éléments de probabilité pour évoquer un problème d'inceste

Sur le plan psychosocial et familial, on peut résumer les éléments, décrits en détail par Browning et Boatman (1977), Meiselman (1978), et cités par Everstime S. (1985), qui peuvent évoquer la probabilité d'un abus sexuel intra -familial :

1. Des parents alcooliques (le taux très élevé d'alcoolisme dans les familles incestueuses est souvent rapporté dans les littératures.)

2. Un père soupçonneux, autoritaire ou puritain.

3. Un père violent, qui a éventuellement vécu lui-même une histoire d'abus physique ou de négligence grave au sein de sa famille d'origine.

4. Une mère très passive, *absente* soumise ou incapable de s'interposer entre l'enfant et son père, ou d'exercer une influence protectrice au sein de la famille.

5. Une fille jouant le rôle de la mère, et remplissant plusieurs de ses tâches dans la maison ; avec inversion des rôles au sein de la famille.

111

6. Une fille *pseudo mature* ou précocement *mûre*.

7. Des parents dont la vie sexuelle et affective est troublée ou inexistante.

8. Une famille ou un beau-père a remplacé le père géniteur.

9. Une situation ou le père est laissé seul avec les enfants, et doit passer beaucoup de temps avec eux et où il doit assumer le rôle de la mère.

10. Des facteurs qui limitent l'impulsivité du père et sa maitrise de lui-même, tels que la toxicomanie, la psychopathie ou une intelligence limitée.

11. L'installation soudaine de promiscuité sexuelle de la part de la fille ; une fille fugueuse, très promiscue, autodestructrice ou toxicomane (dont les comportements paraissent étrangement paradoxaux).

12. L'enfant ou l'adolescent(e) qui ne supporte aucun rapprochement, sans amis ni relations véritablement proches (les victimes d'inceste ne peuvent tolérer un rapprochement authentique avec autrui, parce qu'elles associent la proximité à l'abus).

13. Un comportement sexuel non approprié à l'âge (*signature diagnostic* d'un abus sexuel d'enfant qu'il faut analyser avec une certaine circonscription.)

14. Des parents qui n'autorisent pas un intervenant ou un spécialiste (médico-psychosocial) à avoir un entretien avec leur enfant seul à seul.

15. Une attitude hostile et paranoïde de la famille (ou du père) envers tout étranger (une famille qui a une attitude de *nous contre eux* envers le monde).

16. Un passé incestueux dans la famille d'origine d'un parent ou même des deux parents.

17. Une famille ou les parents sont originaires eux-mêmes de milieux démunis, négligents, abandonniques ou abusifs.

18. Une jalousie extrême du père lorsque sa fille devient adolescente (même au début de puberté) et commence à montrer de l'intérêt pour les garçons (le père réagit alors comme le ferait un amant jaloux).

Everstine (1985) suggère aux intervenants d'approfondir leur investigation si plus de trois ou quatre de ces facteurs (indices d'inceste) apparaissent dans une famille.

Même si dans la majorité des familles incestueuses, ces variables apparaissent de manière récurrente, elles doivent être nuancées et relativisées. Leur repérage diagnostique exige une analyse fine et rigoureuse. À chaque nouveau cas rencontré, les intervenants utilisent tous les moyens dont ils disposent pour appréhender la problématique abusive dans toute sa complexité dynamique et ajustent leur diagnostic à la situation. Le recueil d'informations tout-venant est nécessaire à la compréhension d'une situation d'abus sexuel intrafamilial.

Quatrième considération :
Les conséquences de l'inceste

L'inceste, le silence et la mort sont partis liés. Silence de l'enfant traumatisé et contraint ; silence de l'agresseur en marge de la parole structurante ; silence du tiers horrifié au complice, silence sur ce que personne ne veut entendre.
(Passage du livre L'enfant victime d'inceste par M. Yves-Hiram L. Haaesevoets)

L'inceste ne peut être considéré uniquement comme un évènement sexuel, mais plutôt comme le résultat d'un conflit familial...dans ce type de famille l'inceste apparait comme la solution au dysfonctionnement familial.
(De Villaburas 1987: 6-7)

113

Ce qui fait traumatisme dans un milieu incestueux, c'est lorsque les adultes qui le composent n'établissent pas les lois nécessaires à la protection physique, psychique et sexuelle de l'enfant.

Le trauma est l'équivalent d'une noyade : l'enfant ne peut développer des investissements sur d'autres objets d'amour que ceux qui lui sont imposés à l'intérieur de sa famille. (Passage du livre L'enfant victime d'inceste par M. Yves-Hiram L. Haaesevoets)

Cinquième considération :
Les coups de marteau ou bien préjugés ou si vous préférez l'étiquette que la société attribue à ses victimes

Dès leur plus jeune âge, les enfants présentent des traits de comportement semblables à ceux de leur parent. Telle une difficulté à contrôler l'agressivité, une insensibilité aux demandes d'aide venant des autres, un manque d'empathie et une tendance à l'isolement.

Le rejet serait la cause de ce comportement qui, selon ces auteurs, a tendance à se perpétuer dans le temps. Les difficultés d'interactions sociales sont manifestes et ne sont pas automatiquement reliées à une hostilité ouverte. Non seulement les enfants maltraités interagissent moins, mais la qualité de leurs rapports avec les autres est également moindre.

En comparaison avec des enfants normaux de même statut économique, ils ont moins d'amis, leurs ambitions sont peu élevées et leur estime de soi est faible. Ils ont plus de difficultés à décoder les messages affectifs et à identifier les émotions chez les autres.

En fait, les enfants maltraités font preuves de stratégies inefficaces ou défectueuses dans l'expression de leurs compétences sociales. Ils ont très peu confiance dans leur capacité d'action sur ce qui leur arrive.

Ils ne comprennent pas très bien toute la complexité et les subtilités des rapports humains et développements des attitudes rigides qui influencent leur comportement moral.

Ils ont une vision plutôt égocentrique du monde et n'arrivent pas à adopter la perspective de l'autre. Ils se retrouvent donc limités dans leur choix de réponses en contexte social. Ces effets se manifestent indépendamment du quotient intellectuel. (passage du livre *Protection de l'enfance réalité de l'intervention* par M. Robert Dubé et Mme Marjolaine St-Jules)

Les parents qui n'ont jamais fait l'expérience de l'amour dans leur enfance, qui se sont heurtés à la froideur, à la rigueur, à l'indifférence et à une sorte d'aveuglement permanent lorsqu'ils sont venus au monde, ceux dont toute l'enfance et toute la jeunesse se sont déroulées dans cette atmosphère, ne peuvent pas donner d'amour. (Passage du livre *Les enfants de l'indifférence* de Mme Andrée Ruffo)

Sixième considération :
Une lueur d'espoir au bout du tunnel

La perception de l'abus par la victime varie en fonction de l'intensité de l'acte abusif, du temps écoulé depuis l'incident et aussi de l'interprétation qu'elle en fait.

Des adultes qui connaissent des difficultés importantes dans leur vécu quotidien auront davantage tendance, contrairement à des adultes bien adaptés, mais avec les mêmes antécédents, à relier leurs problèmes actuels à leur passé d'abus.

*Dans ce cas, il peut s'agir d'une perception faussée ou d'une vulnérabilité différente. **La maltraitance physique n'a pas d'effets uniformes**. Les enfants bien adaptés arrivent à contrôler leur environnement et sont plus débrouillards. Ils sont moins fatalistes et ils ont une tendance naturelle à se protéger des actes abusifs.*

115

Leur estime de soi est certes meilleure et ils sont capables de faire une distinction, entre ce qu'ils sont en réalité et l'image négative véhiculée par leurs parents (ou adultes en charge de l'enfant.) (passage du livre *Protection de l'enfance réalité de l'intervention* par M. Robert Dubé et Mme Marjolaine St-Jules)

Septième considération :
Commentaires de différents auteurs sur leur vision de se problème toujours non résolu de notre société qui est : *nous n'arrivons toujours pas encore aujourd'hui à bien protéger nos enfants*

Nous pouvons considérer ce qui suit comme une règle générale dans l'éducation des enfants ; dès qu'il y a une importante carence d'amour parental, l'enfant, selon toute probabilité, réagira devant une déficience comme s'il en était lui-même la cause et se fera une image négative et mensongère de lui-même. (Passage du livre *Les enfants de l'indifférence* de Mme Andrée Ruffo)

La plus grande cruauté que l'on inflige aux enfants réside dans le fait qu'on leur interdit d'exprimer leur colère ou leur souffrance. (Alice Miller)

Quand des enfants sont laissés à eux-mêmes, négligés, agressés, utilisés ou privés de leurs droits fondamentaux ce qui compromet leur développement. Partout, on retrouve de l'insensibilité envers les enfants, et le désintérêt est chronique. Les enfants laissés pour compte sont des victimes qui devraient nous faire honte. (Passage du livre *Enfances blessées, sociétés appauvries* par M. Gilles Julien)

L'enfant maltraité souffre des actes dont il est victime. Il n'a pas encore accès à tous les services dont il pourrait bénéficier dans une société dépassée par l'ampleur du problème et par le caractère irréparable des séquelles psychologiques ou physiques dont il souffre.

*La société est rapidement mobilisée par le côté spectaculaire de la maltraitance pour retomber dans **une inertie importante lorsqu'il s'agit d'opérer des modifications en profondeur.*** (passage du livre *Protection de l'enfance réalité de l'intervention* par M. Robert Dubé et Mme Marjolaine St-Jules)

Quand on cherche à détruire un enfant, c'est la nature entière qui est blessée ; quand une lignée s'acharne sur l'enfant, elle fait violence au monde entier, elle s'en prend à l'équilibre du cosmos. Le monde d'en haut est aussi le plan du symbole. Le disque du soleil, qui peut aussi représenter la nouvelle conscience, le regard unique de la vie unifiée, pleure des larmes de sang devant cette pratique qu'il réprouve et qui n'est rien d'autre qu'un sacrifice. (M. Bernard Lempert, Désamour 1994:34.)

Huitième considération : L'opinion personnelle de Soleil sur ce sujet tabou

Je me suis sentie exaspérée devant ce type de pensée lorsque j'ai lu dans le livre *Protection de l'enfance réalité de l'intervention* par M. Robert Dubé et Mme Marjolaine St-Jules les mots (en comparaison avec des enfants normaux) : nous sommes des victimes et non pas des enfants anormaux. Je tiens à faire cette précision pour ce genre de personne que je considère comme étant ignorante.

Moi j'ai accepté le fait que je n'obtiendrai pas justice, mais **je ne pardonne pas à mon père** qui m'a abusée pendant plusieurs années. Personnellement, je ne suis plus capable d'entendre qu'une personne qui traite ses enfants comme des objets et non comme des êtres humains. C'est sûrement parce que lui-même dans son enfance a subi de mauvais traitements. Ou bien, parce qu'il est en détresse et qu'il pourrait être lui-même une victime. Le problème dans notre société c'est qu'on excuse ce genre de comportement avec des arguments qui ne tiennent pas la route.

117

Un père qui abuse physiquement, psychologiquement et sexuellement est tout simplement : un pervers machiavélique, un pervers inhumain, sadique et violent, un lâche, un désaxé. Un père psychopathe ou un père avec une intelligence limitée ne devrait en aucun temps avoir la responsabilité d'un enfant. Certains experts parlent aujourd'hui d'une pathologie de la relation humaine. Si ce n'est pas banaliser la réalité de la gravité des faits réels. En aucune considération, la société ne devrait permettre à ce genre d'individu d'être en liberté. Laisser ce genre d'individu en liberté est l'équivalent d'une approbation de ce genre de comportement.

Je ne pardonne pas à la marâtre qui m'a maltraitée. Cette dame recevait de l'argent pour prendre soin de moi. Cette dame aurait dû aller en prison pour les mauvais traitements qu'elle m'a affligée.

Je ne pardonne pas à madame l'autruche qui s'est fermé les yeux volontairement, ce qui fait d'elle, une complice silencieuse. Comment peut-on accepter de prendre un enfant sans lui donner de l'amour ? Comment peut-on accepter d'envoyer cet enfant en visite chez un père fou ?

Comment peut-on ne pas venir en aide à un petit garçon qui vient de se faire battre par son père ? C'est inacceptable d'agir ainsi ! Ces adultes qui volontairement ne viennent pas en aide à des enfants en difficulté devraient être traduits en justice.

Je ne pardonne pas au médecin qui n'a pas investigué plus loin. J'ai fait quand même de l'anémie, due à une sous-alimentation, j'avais quand même un os dessoudé. Le plus gros problème lorsqu'on est un enfant en difficulté, c'est que personne ne veut en entendre parler, personne ne veut s'impliquer. Donc l'enfant est laissé à lui-même, abandonné à son triste sort.

Je n'excuse pas non plus que les travailleurs sociaux qui sont intervenus dans mon dossier de façon inadéquate. Un enfant, ce n'est pas un ballon. On ne peut pas l'enlever de sa famille pour le promener d'une famille d'accueil à une autre. Deuxièmement, les travailleurs sociaux savaient que je ne pourrais jamais aller vivre avec mes parents.

Dans ces cas particuliers, on devrait faire adopter ces enfants pour qu'ils puissent avoir une meilleure stabilité et une meilleure qualité de vie. De plus, les parents négligents, qui ne se prennent pas en main, devraient perdre le droit légal de leurs enfants. Pour ce qui est des personnes qui nous suggèrent de pardonner à nos agresseurs, je leur réponds : « On peut pardonner à quelqu'un de notre entourage qui sur le coup de la colère nous dit des paroles blessantes, on peut pardonner à quelqu'un qui brise un objet vous appartenant, on peut pardonner à quelqu'un qui vous pose un lapin lors d'un rendez-vous. Cependant on ne pardonne pas à la personne qui a tué votre enfance, cette même personne qui a souillé vos premières expériences et qui a volé votre inconscience. »

Cette blessure profonde ne se guérira pas avec un pardon. On ne peut pas non plus demander à une victime de violence physique de pardonner à son agresseur. Lui demander cela, c'est ignorer tous les dommages physiques et psychologiques que ça laisse chez cette victime. Ça laisse aussi la place à l'encouragement du jeu de l'autruche. Dans le sens ou si la victime pardonne à ses agresseurs, ça ne devait pas être si pire que ça. Et dans ces cas précis, la loi ne réalise pas autant l'importance de punir sévèrement ces agresseurs.

J'aurais juste aimé qu'un adulte m'aime assez pour me venir en aide et me sortir de là. J'ai été abandonnée à mon triste sort. Il faut changer nos lois pour bien protéger nos enfants. Les enfants d'aujourd'hui sont nos adultes de demain. Prendre soin de nos enfants, c'est améliorer notre société. Tout le monde en sort gagnant. J'ai accepté le fait que je vais faire des cauchemars le restant de ma vie. Je ne peux pas dormir avec la porte de ma chambre fermée. Je ne peux pas regarder quelqu'un manger au bout d'un comptoir. Je

119

suis athée. Voyez-vous personne ne m'a sauvé, même pas Dieu. Je n'ai jamais fait de collections. Et chez moi, le frigidaire est toujours plein. Toute la famille mange en même temps, la télévision fermée.

Je privilégie les relations à long terme. J'adore mes enfants. Malgré tout ce que j'ai pu subir durant mon enfance, aujourd'hui j'apprécie toutes les petites choses de la vie.

Les lois actuelles ne pénalisent pas de façon adéquate ces adultes agresseurs d'enfants ce qui laisse dans la bouche de ces victimes un goût amer. Et par conséquent un trop grand pouvoir à ses manipulateurs qui s'en tirent avec des sentences bonbons. Le jour ou nos dirigeants en feront une priorité et changeront nos lois de façon à rendre vraiment justice à toutes ces petites victimes, notre société en ressortira grandie.

ANNEXE IV

ABERRANT : Qui est contraire à la norme, illogique, absurde.

ACCROITRE : Augmenter la quantité, le nombre, la force de.

ADÉQUATEMENT : D'une manière adéquate, conforme ; convenablement.

AGRESSION : Attaque non provoquée et brutale.

ANÉMIE : Diminution de la concentration de globules rouges

APATHIE : Insensibilité volontaire considérée comme un idéal à atteindre.

AUSCULTER : Écouter les bruits qui se produisent à l'intérieur de (une partie du corps) afin de poser un diagnostic.

BÂTARDE : Personne qui est née hors mariage. Animal qui n'est pas de race pure.

BOURREAU : Personne qui martyrise, qui maltraite physiquement ou moralement. *Un bourreau d'enfants.*

BOYCOTTAGE : Cessation volontaire de toutes les relations avec un individu, une communauté, un pays.

BREDOUILLE : sans avoir obtenu ce qu'on cherchait. *Être bredouille, revenir bredouille.*

CALVAIRE : Suite d'épreuves douloureuses.

CHRONIQUE : Qui évolue lentement et dure longtemps. *Maladie, affection chronique.*

CONFINER : Forcer à rester enfermé. *Confiner un enfant dans sa chambre, en guise de punition.*

CONTAGIEUSE : Qui se communique par contagion. *Maladie contagieuse. La rougeole est contagieuse.*

CYNIQUE : Qui ignore effrontément les conventions, les principes moraux établis.

DÉMUNIE : Privé des choses essentielles.

DÉSAXÉ : Qui souffre d'un déséquilibre mental ou psychique.

DIAGNOSTIC : Identification d'une maladie par ses symptômes.

DYSTONIE : Trouble du tonus, de la tension

ECCHYMOSE : Épanchement de sang sous-cutané, provoqué par un choc, par un trouble de la coagulation.

ENFER : Lieu où les souffrances sont intenables, situation très difficile.

ÉRYTHÉMATEUX : Qui a les caractères de l'érythème

ÉRYTHÈME : Congestion de la peau ou des muqueuses qui provoque une rougeur.

EXORBITÉ : Yeux exorbités : yeux qui semblent sortir de leurs orbites sous l'effet d'une émotion intense. *Des yeux exorbités de panique.*

FIBROMYALGIE : Douleur généralisée des muscles, des ligaments et des tendons.

HORREUR : Impression violente causée par la vue ou la pensée d'une chose affreuse. Sentiment de vive répulsion.

HORRIBLE : Se dit de qqch. de désagréable qui est très intense. *Une douleur horrible.*

HYPERTENDUE : Personne qui fait de l'hypertension artérielle.

IMPORTUNER : Causer l'irritation de qqn par une présence insistante. *Elle m'importune avec ses questions. Je ne voudrais surtout pas vous importuner ; je m'en vais.*

INERTIE : Manque d'énergie, d'initiative, d'activité, de mouvement

INFECTÉ : Transmettre des germes contagieux. *Infecter une plaie.*

MACHIAVÉLIQUE : Caractère d'une conduite tortueuse et sans scrupules

MARÂTRE : Mauvaise mère.

MICROBE : Micro-organisme. *Microbe pathogène, virulent.*

NAUSÉABONDE : Se dit d'une odeur qui donne la nausée, qui dégoûte.

ODIEUX : Qui suscite l'indignation et le mépris, ignoble, détestable.

PARANOIAQUE : Qui manifeste de la méfiance exagérée. *Elle est un peu paranoïaque avec les inconnus.*

PATHOLOGIE : Science qui a pour objet d'étudier les causes, les symptômes des maladies, les effets qu'elles provoquent.

PERVERS : Qui aime à faire le mal.

PROGÉNITURE : La descendance d'un être humain, d'un animal.

PROPRIOCEPTIVE : *Sensibilité proprioceptive* : sensibilité propre à l'ossature et la musculature qui permet l'équilibre et le déplacement.

PSYCHOPATHE : Personne atteinte de psychopathie.

PSYCHOPATHIE : Trouble permanent de la personnalité se caractérisant essentiellement par des comportements antisociaux.

PURITAINE : Caractérisé par le puritanisme. Une vie puritaine.

PUTRÉFACTION : Décomposition d'un cadavre, d'un organisme mort sous l'action d'agents microbiens.

QUÉMANDER : Solliciter humblement avec insistance. *Quémander de l'argent, des cigarettes. Adolescent qui quémande une permission auprès de ses parents.*

SADIQUE : Qui éprouve du plaisir, qui se complaît à faire souffrir, à voir souffrir les autres.

SATYRE : Homme exhibitionniste, voyeur ou lubrique.

SEPTIQUE : Partisan du scepticisme.

SOUFFRE-DOULEUR : Personne qui est continuellement la victime des railleries et de la frustration des autres.

SYNDROME : Ensemble des symptômes qui identifient une maladie.

TORTIONNAIRE : Personne qui torture qqn. *Elle n'avait jamais revu son tortionnaire.*

SOLEIL, L'ENFANT BALLON

À l'âge de quatre ans, on prend cet enfant
On l'envoie sur cette route sinueuse
Remplie d'embûches et de tourments
Elle ne se sent pas heureuse

Séparée malgré elle de ses parents
Se voit imposer une nouvelle famille
Dame douteuse au comportement violent
Maison sans soleil qui brille

Enfant ballon projeté sur un sable mouvant
Sent son innocence s'enfoncer
Nuits blanches d'un être souffrant
Sans personne pour la sauver

Visite chez le père manipulateur
Trouble le cœur de cet enfant
Incompréhension et peur
Amour sincère manquant

Tourbillons d'humiliations
Marque profonde et douloureuse dans le coeur
Enfant ballon tiré dans une autre maison
Seulement quelques mois, corvée trop difficile pour ses tuteurs

Enfant ballon projeté sur un sable mouvant
Sent son innocence s'enfoncer
Nuits blanches d'un être souffrant
Sans personne pour la sauver

Père au comportement incestueux
Souille son corps et détruit son âme
Petit Être vomissant et peureux
Dans le silence, coule ses larmes

Enfant ballon change de foyer
Illusion détruite par l'adulte
Jouant à l'autruche, les yeux volontairement fermés
Réveille sa révolte

Enfant ballon projeté sur un sable mouvant
Sent son innocence s'enfoncer
Nuits blanches d'un être souffrant
Sans personne pour la sauver

Enfant agonisant aux pensées noires
Sans amour sincère, se laisse mourir
Adulte naissant libérant son pouvoir
De choisir sa route, son avenir

TABLE DES ILLUSTRATIONS

Page 83
La rose.
www.sxc.hu

Page 84
Chemin de la Vie.
http://www.cdvspip.apin.org/

Page 86
La réussite.
www.collectif.tsch.hotmail.fr

Page 89
La colombe.
www.bahamut.blogspot.com

Page 90
Imagerie d'un ACV.
www.elwatan.com

Page 95
Ambulance.
www.fotosearch.com

Page 96
Gros chien contre petit chien (David contre Goliath.)
www.humouranimaux.free.fr

Page 98
Stress Positif.
www.stresspositif.org

Page 103
L'encrier.
www.lencrier.xooit.fr

Page 104
Paysage, route et hiver.
www.chris-marry.com

Page 106
Soleil à 6 ans.
Photo fait à la main par Jean-Philippe Laramée.

TABLE DES MATIÈRES

AUX ÉDITIONS
BELLE FEUILLE

68, Saint-André
Saint-Jean-sur-Richelieu (Québec) J2W 2H6
Tél. : (450) 348-1681
marceldebel@videotron.ca

Poésie

Fantaisies en couleur	Marcel Debel
Bonheur condensé	Magda Farès
Arc-en-ciel d'un ange	Diane Dubois
À la cime de mes racines	Mariève Maréchal
Un miroir sur ma tête	

Nouvelles

Lumière et vie	Marcel Debel
La Vie	Marcel Debel
Quelqu'un d'autre que soi	Micheline Benoit
Une femme quelque part	Micheline Benoit

Essais

Univers de la conscience	Yvon Guérin
Les Jardins	Pierre Angers
expression de notre culture	
Au jardin de l'amitié	Collectif

Romans

Méditation extra-terrestre	Olga Anastasiadis

Cas vécus

L'instinct de survie de Soleil	Gabrielle Simard

Marquis imprimeur inc.

Québec, Canada
2009